店長の鬼100則

柴田昌孝

Masataka Shibata

自分磨きの鬼となり、
自己変革、そして店変革を起こす。
それが、本書における「**鬼**」である。

はじめに

「鬼？　もしかしてパワハラっぽい本か？」

「もっと厳しい店長になれ！　といった指南書か？」

本書のタイトルを見て、そう思われた方がいるかもしれないが、もちろん違う。

鬼は鬼でも、昭和時代のような厳しい店長の話ではなく、「スタッフには『売れ、売れ！』と厳しく指導しろ」というパワーマネジメントの本でもないので、ご安心いただきたい。

この時代にそんな根性論の本は不要だし、私だって出版したいとは思わない（笑）。

むしろその逆だ。

時を戻すのではなく、これからの時代を生き抜く店長たちのバイブルとして書かせていただいた。

今、店舗ビジネスは、過去にない人材不足と、売上不振にあえいでいる。
そして、そんな状況でのかじ取りを任された店長たち。日々頑張っているにもかかわらず成果に結びつかず、注意したらすぐに「やめます」と言う新人たちにどう接していいのか迷い、指導さえできないでいる店長がたくさんいる。

売上は低迷が続き、
少ないスタッフでの運営を強いられ、
スタッフとのコミュニケーションもままならない。
それに追い打ちをかけるように、せっかく入った新人はすぐにやめると言い出す始末。
正直言って、これが今の店舗ビジネスの実態と言っても過言ではないだろう。

ただ、そんな不遇な時代だからといって、店長たちと傷をなめあう気は毛頭ない。
そんな中でも四苦八苦して、勝機を見出そうと頑張る店長の力に少しでもなりたい。
それが、私が本書を書いた動機である。

私は、富山県の小さな町の洋装店の息子として生まれ、小さな頃から店を遊び場として育った。

そして大学卒業後、呉服業界1位の「やまと」に入社。トップセールスマンとなった後、富山に戻り、家業を継いだ。それからは自らが店長としてスタッフを教育し、町の路面1店舗を、わずか8年で、42店舗、150名、年商30億の専門店企業に成長させた。

その後50歳で病気になり、仕事をやめるまでの社長時代20年で、出店した店舗の数はのべ70店。育成した自社の店長の数は、数百人にもなる。

また経営の傍ら、店長育成のセミナー講師として、SHIBUYA109、ネッツトヨタ、ドコモ、イオンモール、ワールド、オンワード樫山、JR駅ビル、百貨店ら多数の有名企業の店長から、商店街のパパママストアの店長まで、のべ数万人の店長に研修をしてきた。

現在は、店舗経営コンサルタントとして、年間に何百人もの専門店店長の育成をしている。

そんな経験則をもってして、悩める店長たちに活きた知恵を投じたい。


時代はたしかに変わった。スマホ社会でオンラインでの買い物が当たり前となり、コロナ禍という不毛時代を過ごし、間違いなく店の存在意義が問われている。

また、働き方改革でより好条件を求めるスタッフも増え、Z世代という転職当たり前の世代が入社する。


だが、時代のせいにしていても何も始まらない。環境のせいにしていても好転はしない。

唯一やれることは、自分自身のイノベーションだ！

周りが変わらないのなら、これまでの「店長の定義」を書き換え、自分を変えるしかない。


きっと、そこに必ず活路はある！

そう信じる店長は、ぜひともこのまま読み進めていただきたい。

本書には、今悩んでいる店長の求める答えと成長が必ずある。私を信じてほしい。

本書を読み終えた時、あなたが新しい店長の定義を胸に、やりがいを手にしていると信じてやまない。

なお、本書はもちろん店長へ向けて書いているが、店舗マネージャーや店舗オーナーなど、店舗ビジネスに携わるすべてのリーダーの方にも読んでいただきたいと思う。

店舗ビジネスラボ　柴田昌孝

第1章
Knowledge
～鬼の心得～

第2章
Achieving sales
～売上達成の鬼～

第3章 Store layout ~売り場作りの鬼~

第4章

Staff development
～スタッフ育成の鬼～

第5章 Staff retention ～スタッフ定着の鬼～

第6章 Building fans ～ファン作りの鬼～

第7章 Management ～マネジメントの鬼～

第 1 章

Knowledge

～鬼の心得～

リーダーとは希望を配る人だ。

ナポレオン・ボナパルト

リーダーになる前は、成功とはすべて自分自身の成長を指す。
だがリーダーになれば、成功とは他の人の成長を意味する。

ジャック・ウェルチ

鬼100則 01

店長は完璧じゃなくていい！

「どうしても店長職を完璧にできない自分に対してストレスを感じてしまい、退職も考えています。予算は達成できないし、スタッフも育成できなかったりと、はがゆさが多すぎてストレスとなってしまって……」

店長になって3年の男性店長から、こんな悩み相談をもらったことがある。

この店長が持つ、「完璧にできない悩み」というのは店長ならだれもが抱える悩みだろう。

結論から言うと、**店長は完璧じゃなくていい！**

そして、**スタッフにも完璧を求めてはいけない。そもそも、店仕事に完璧なんてないのだ。**

そもそも、市場の動きに完璧はあるのか？

経済の動きに完璧はあるのか？

そして、コロナ禍なんて誰が予測した？

どれもこれも、予測できないことに計画を立て、それに対して原因を検証し、対策を取っているだけじゃないか。**つねに不確定なものに対する対応こそが、店仕事であり、店長の仕事なのだ。**

そもそも不確定なことに対応する仕事なのに、店長が結果にも、プロセスにも、そして、自分にも完璧を求めると、その歪みが出てくるのは当たり前だ。

断言しよう。**対応する仕事が完璧じゃないのに、完璧を求めるならば、間違いなくあなたはつぶれる！**

別に安心させようとして言っているわけではない。うまくいかないと悩むあなたを、慰めているつもりもない。これが現場の真実だから言っているのだ。

ゆえに、完璧を求めるにしても、うまくいかない事実も認めるべきだと、私は強く思っている。

完璧でない自分を責め、完璧でないスタッフを責めるのは、店仕事では、自分も相手も必ず追い詰めることになる。多少のロスを見ることも、この仕事を続ける上で、大切なのだよ。読者のみなさんにまず初めに言わせてほしい。

店長は完璧じゃなくていい、と。

鬼100則 02

店長を演じ、店長らしくふるまえ

よく若い店長から「年上スタッフにどのようなふるまいをしたらいいでしょうか?」という質問をもらう。そんな時、私は必ずこう答える。

「礼儀は大切なので、年上のスタッフにはちゃんと敬意を払いながらも、普段の業務は堂々と店長を演じ、ふるまいなさい」と。

とは言っても、その店長が最初から店長面ができるはずもないので、最初はぎこちなく互いに腫物をさわるような間柄が続く。だが、**店長らしさが出てくると、一気に店はまとまりだす。**

互いのポジションが明確な方が、関係がスムーズにいきやすいからだ。

これは単に私の経験則だけではない。心理学では、**互いのポジションが明確であればあるほど、お互いのコミュニケーションの心理負担は減る**と考えられている。

それを指す最たるものが、家族だろう。

例えるなら、私は娘3人の父だが、娘の前では、自分の中にある「父親とは？」という定義をひっぱりだしてきて、それに倣って、父親をふるまえばいいから、とても楽だ！

しかし、娘の友達がうちに遊びに来て、送っていく時の車内なんかは、どうふるまっていいのかわからず、かなりビビる（笑）。娘の友達は、関係性が明確ではない、不安定な間柄だからだ。

要するに人間関係というのは、上か？　下か？　仲間か？　それ以外か？　同じ所属か？　別か？　そんな互いの立場が明確な方が、がぜん付き合いやすくなるということだ。そういう心理作用が働くから、店長が店長らしくふるまった方が、互いに付き合いやすくなる。

若い店長は特に店長らしくふるまうことをためらったりするが、余計スタッフもどう接していいのかわからなくなるもの。**店長はちゃんと店長という台本を演ずるべきだ。**その方が、きっとうまくいく。

最後に、店長らしくふるまえというのは、横柄な態度のことではないので、間違わないようにお願いしたい。

鬼100則 03

役職を演じるには、役職の本質を理解しろ

たまに店長という役職を勘違いして、自分が偉くなった気になる店長がいる。

そうならないためには、役職というものの本質を理解して、その上で役職を演じる必要がある。

私の母は、日中は介護施設に行っているので、朝必ず送迎バスが迎えに来る。最近は、テキパキとした70歳くらいの男性が送迎に来てくれるようになった。その方は、とにかく挨拶が丁寧で、笑顔でハキハキと話し、その上すごく気が利く。現役時代は、高い役職に就いていたのだろうなと思わせるオーラのある人だった。

先日、たまたまこの方と話をする機会があったので「以前は何をやってらっしゃったんですか?」と思い切って聞いてみた。そうしたら、案の定、上場会社の管理職だった。どうりで！　と思った私は、「いやー、すごいですね」と言ったら、こんな答えが返ってきた。

「いやいやそれは会社に勤めていた時のことですから。今はお仕事をさせていただける

だけで感謝しております。歳なので覚えることばかりで大変ですが、とにかく迷惑をかけないよう学びの日々です」と。私はぐうの音もでなかった。現役時代は何百人にも指示をだしていた人が、昔の自分を引きずらず、新しい環境に頭を切り替え、感謝を忘れず働いている。間違いなくこういう人は、どこの世界へ行っても一目置かれるし、通用する。

何を言いたいか？

役職で仕事をすることは悪いことじゃないが、役職がなくなったら何が残るか？　も考えてみてほしい。結局、役職の威を借りて「自分エライ！」と思い込んでいる人は、役職をなくすと周りから人が去るのが常だ。

役職というのは、与えられた台本みたいなもので、舞台をおりたら誰しも単なる「人」に戻る。その時、何が残るのか？

店長を演ずることはとても大切だが、店長という役職で自分を見失い、偉い気になって勘違いをすると、それこそ話は大きく違ってくる。スタッフは、役職を通してあなたという「人柄」を見ていることを忘れてはいけない。

そして、それこそが役職の怖さだし本質だ。役職＝人格の高さ、ではないことだけは忘れないでほしい。

店長をしながら、店長になっていく

今一度、店長になった時の状況を思い出してみてほしい。きっと次のような状況だったのではないか?

●前任の店長が退職や転勤となり、店長に抜擢された
●新規出店が決まり、その新店の店長に抜擢された
●前店長が突然異動となり、持ち上がりで店長になった
●一念発起して、独立開店し、オーナー店長となった

多少の違いはあるにしろ、たいていはこのような理由でいきなり店長にならないといけなかった方が、ほとんどではないかと思う。そして、店長になったからといって、準備ができていた方や自信をもって店長になった方は、極めて少ないのではないだろうか。

私は社長時代、40人以上の店長たちと会社運営をしていたが、正直言って、店長に抜擢する際、満を持して店長指名した例は極めて少なかった。どちらかというと期待はするが、

不安もあり、見切り発車的に店長としてスタートしたケースがほとんどだった。

私が言いたいのは、何も「あなたは店長として未熟だ」という指摘ではない。そうではなく、**「会社は、あなたに何か感ずるものがあったからこそ、店長に指名した」**という事実の方が大切だ。

それは、人をまとめる力かもしれないし、引っ張る力かもしれない。はたまた、調整型で敵を作らないタイプだったからかもしれない。ムードメーカーで店を明るくする力を買われたのかもしれない。いずれにしろ、あなたに何か持ち味があるから選ばれたのだ。これだけは、ちゃんと認識してほしい。

だから、今この本を読んでいるあなたが、店長として未熟でも何ら構わない。**誰しも、店長になってから店長になっていくのだ。**ここだけは覚えておいてほしい。

逆に言えば、店長になったからといって、あなたが急に偉くなったわけではないし、成長したという勘違いだけはやめてほしい。実は、**店長がうまくいかない最大の理由は、店長という役職を手にして、自分がさも権力を手に入れたかのように勘違いすることにある。**

あくまで、店長をしながら、店長になっていくことを肝に銘じてほしい。そのために、謙虚でいながら、学び続けてほしい。

名販売員。名店長にあらず

これまで数え切れないほどの店長たちに指導をしてきた。その中で、「スタッフになめられたくない」という意識を持つ店長は少なくなかった。いや、表面的に、言葉にする店長が少ないだけであって、そう思っている店長は意外にも多いはずだ。

そして、そう思っている店長というのは、たいていスタッフとの関係がうまくいっていない。

「なめられたくない」と聞くと、一見幼稚な心理のように思うが、店長に限らず、人の上に立って仕事をする人でそう考える人は少なくない。私も初めて店長職をやった時は、そういった意識があったように思う。

では、なぜそう思ってしまうのか？

たくさんのそんな店長を見てきて私が感じたその正体は、「**劣等感**」である。

要するに、「私なんて店長するにはまだまだだ」とか「自分よりも優れた人がいるのになぜ自分が？」といった気持ちが、「なめられたくない」という意識につながる。

実は店長には、店長としての自分に自信がない人が、圧倒的に多い。さらに言うと、店員時代に売れていない過去を持つ店長は意外と多い。売れなかった劣等感が「なめられてはいけない」という過剰な自意識を作り上げているのだ。

端的に書きたい。**店長をするのに、トップの個人売上を作った実績は、必要ない！**

例えるなら、イチローに打撃を教えていたコーチも、イチローよりは打てない人だ。

それでも、イチローは、現役時代コーチの指示を受けて練習していた。その時イチローは、こう言っている。

「コーチは、一番僕を見て、僕を分析して、僕が打つことを喜んでくれる」と。

指導者の真理はまさにこれなのではないだろうか。

あなたがトップ販売員だったかどうかではなく、スタッフをちゃんと見て分析して、スタッフが売ることをサポートしてあげる、そんな存在であることの方が店長として大切だ。

だから、自分の劣等感からくる「なめられたくない」という意識は、捨ててしまえ！

スタッフといい関係を築くために、それが一番うまくいく。

鬼100則 06

綺麗事を絶対に言え！

私が専門店の社長をやっていた時のこと。取引先と飲んでいた時（きっと相手も酔っぱらっていたのだろう）、「柴田社長は『お客様のため』という綺麗事が好きですよねー。やっぱり店って『売上のため』じゃないんですか？」ということを直接言われ、当時は若かったこともあり、口論になったことがある。

「お客様のため」じゃなく、「売上」のため？　たしかにそうかもしれないが、当時の私はそんな私利私欲でモチベーションが下がる言い方に腹が立ったのだ。綺麗事という見下げた言い方にもイラッとした。

百歩譲って「お客様のため」が彼の言う綺麗事だとしても「売上のために店はある」という利益しか見ていない表現はモチベーションにならないし、人は私利からは動かない。

例えば、「お客様のために接客する」が綺麗事なら、

医師の「1人でも病気から救ってあげたい」も

教師の「生徒の夢を叶えるために」も
社長の「従業員の生活と笑顔のために」も
清掃員の「使う人のために綺麗にしてあげたい」も
ぜーんぶ、綺麗事になる。会社理念だって、宗教の教典だって、綺麗事にならないか？
人が「頑張ろう！」と思えるモチベーションは、絶対に「人のため」という利他表現じゃなきゃダメだ！　そして、これを大義と呼ぶ。大義を失えば、誇りもなくなる。
「お客様のために店はある」という表現は、綺麗事が好きだから言うのではなく、大義が必要だから言うのだ。
もし大義をなくしたら、理想を語れなかったら、誇りややりがい、モチベーションを失い、店を支えるものがなくなる。倫理観を失ったらそれこそゆがんだ売り方が横行するだけだ。そんな仕事、誰がやりたい？
大切なのは、「人のため」が「自分のため」になるという発想だ。
綺麗事？　上等である。綺麗事さえ言えない店長に、スタッフはついていくはずがない。
店長よ、理屈はもういい！　あなたのスタッフが動かないのは、大義をなくしているからじゃないのか？

鬼100則 07

「お客様のために」と「売上がほしい」は同義語

私は店舗運営のコンサルとして、日々いろんな店舗関係者の方と接する。

最近すごく残念に思うのが、「お客様のために」とか「人のお役に立つ」を建前で連呼し、売上作りのセールストークにしている店長にたくさん会うことだ。

「うちの店はお客様のためにある」をやたらと連呼しているのだけど、実際、コンサルさせていただくと、売上至上主義で、朝礼では「とにかく売上を作れー！」と言っていたり、「お客様感謝祭」というチラシを見て行ってみたら、やたらと強引なおすすめにあったり……感謝祭なのにまったく感謝がない（苦笑）。はっきりと言ってしまえば、「お客様のため」が、嘘くさい店が多すぎる。

かといって、私はそんな建前と本音を持つ店長を否定するつもりは毛頭ない。お客様のためと言いつつも、売上がほしいのは当たり前だろう。

ただ、私が間違っていると思うのは、「お客様のために」と「売上」を建前と本音で使い分けていることだ。本来、この2つは一緒だ。同じことの表裏一体なのだ。そこを別々のものみたいに分けて考えるから、偽善者っぽくなる。

それなのに、店長自身に「お客様のために」と「売上」が同じものだという認識がない。

では、どうしたらいいのか？

建前と本音の壁、「お客様のために」と「売上がほしい」の壁、その壁をぶっ壊すのだ。お客様のためになり、売上もいただく、両方取りだ！　**「売上」は、「お客様のために」の先にある同一線上のものだから、分けて考えることはできないのである。**

そうでないと、スタッフが店仕事自体に、誇りを持てなくなる。そして、**店長が建前と本音を使い分ければ分けるほど、スタッフも使い分けるものだ。**

我々は、お客様をだましているわけではなく、お客様のためになり、その対価として売上をいただく、胸を張れる仕事をしている。この考え方を店長が実感し、店スタッフにも落とし込み、スタッフに誇りを持たせる。

これが、店作りだ。

「お客様のために」と「売上がほしい」は、対義語じゃなく、同義語だということを忘れてはいけない。

「お客様は怖い」は大切な経験

先日、支援先の百貨店スタッフから「柴田先生！　私のポカで苦情を起こしてしまいお客様が激怒され、ご自宅に謝罪に行きましたが許していただけなくて、落ち込んでいます……」というなげきのメッセージをもらった。この項目では、そんな苦情の受け止め方の話をしたい。

私も20代の呉服販売員の時、謝罪に何度出向いても、許していただけなかったお客様がいる。また、社長時代も、従業員への苦情で謝罪に出向いたが、許していただけなかったお客様がいる。

そして、この歳になっても未だにあのお客様のお怒りの姿は忘れられないままでいる。

もちろん、そんな苦情はないに越したことはない。だが、**許してもらえなかった経験は、お客様の怖さを知るという点で、貴重な経験なのだ。**

昨今は、お客様が怒ると、すぐに「カスハラ客だ！」みたいな風潮があるが、正当に怒るお客様は「客仕事をなめるな！」という教訓をくれる大切な方だ。あくまで「正当」に怒るお客様だが……。

だって、最近は、客仕事をなめた店員もすごく多いじゃないか（言ってしまった汗）。

やはり、**「お客様は怖い！」とちゃんと知ることは、お客様を敬う上で大切だ。**

お客様は天使の顔も悪魔の顔も両面あるわけだから、その酸いも甘いも噛み分けて初めて客仕事を理解するということなんじゃないかと私は思っている。

話を戻したい。

お客様が許してくれなかったら？　そりゃ猛省しないといけない。

だけど、起こってしまったことは仕方ない。大切なのは、その経験をいかに今後の客仕事に活かすか？　これに尽きる。

お客様は怒ると怖い！　このことを教えてくれるのは、セミナーでも、本でもない。お客様だ。

店仕事に大切なことは、いつもお客様が教えてくれる。これを忘れてはいけない。

鬼100則 09

「店長」である前に「人」である

仕事の信頼を得ようとした時、人は、必ず仕事のスキルの精度をあげようとする。

これは店長という仕事に限らないことだ。仕事の技術こそが仕事の信頼なのだと思い、一生懸命に学ぶ。

もちろん、間違いではないのだが、それ以上に大切なことを忘れてはいけない。

それは、**どれだけ店長としての仕事の技術が素晴らしくとも、それは人としての信頼の上になりたつスキル**だということだ。

もっと言うと、スタッフは、あなたのことを店長として見る以前に、人としての部分を見ている。だから、店長としてのスキル以上に、スタッフから信頼を得られる立ちふるまいを大切にしなきゃだめだ。

例えば、あなたが朝礼で「お客様のために頑張ろう！」と声高にスタッフに伝えたとしても、いつも口先だけで約束を破り、売上のことしか考えてない店長だとしたら、どうだろう？

あなたの言葉は、絶対にスタッフに届かない。**人として信頼できない人が、どれだけいいことを言っても、心には響かないのだ。**

正直言って、裏で「店長って口だけだよね」と、スタッフの陰口のネタになるのがいいところだ。

完璧な人はいないし、聖人君子を目指そうと言っているわけでは決してない。ただ、人として当たり前の立ちふるまいを、しっかり守ることが大切だ。

例えば、**挨拶をする、約束は守る、矛盾をなくす、えこひいきをしない、言い訳をしない、人のせいにしない、「悪かった」と言える、感謝する**……そして、責任感を持つ。要するに、人としてちゃんとスタッフと接することを、徹底するのだ。

何事も、土台がしっかりできていないと、その上に積むものが活きてこない。

ゆえに、学んだ仕事の技術をどれだけ活かせるかは、自分次第だ。

これは絶対に覚えておいてほしい。せっかく技術を学んでも、人として当たり前なことができていなければ、もったいなさすぎる。

鬼100則 10

孤独でなく、孤高であれ

「リーダーは孤独だ」「リーダーは嫌われ役を買って出ろ！」

こんな言葉を信条として、気苦労を乗り切ろうとする店長にたまに出会う。私には、この言葉は、うまくいかない店長への慰め言葉にしか聞こえない。こう言っている店長の店は、スタッフ定着率が悪く、うまくいっていない店が多いのだ。

先日、売上が低迷する店の店長から「私は、あえて嫌われ役を買って出て、スタッフのことを思って厳しくも相手の身になる指導をしているつもりですが、なかなか店がまとまらなくて……」という相談を受けた。

この時点でいやーな予感がしたのだが、その店長と店に行き、スタッフと会い、嫌な予感はあたった。スタッフと個別ミーティングをしたら、店長の悪口が出るわ、出るわ（汗）。

これでは、売れるものも売れない。完全に店長対スタッフ全員という構図になっていた。

もっともやっかいなのは、「嫌われ役を買って出よう！」という信条にこだわる店長だ。

このせいで、孤立していてもまったく平然としている。

だから私は、すぐにその店長に言った。「店長は孤独だとか、店長は嫌われ役でいいなんて定義はすぐに捨てなさい。やっぱり店長は愛されないとダメだよ」と。

もし店長が嫌われ役だったら、どうなる？　きっとスタッフは指導を否定としてとらえ、改善しない。

もし店長が孤独意識を持ったら、どうなる？　きっとスタッフは共感してくれず、ますます店長は孤立し店はまとまらない。

挙句の果てに、スタッフは店自体が嫌になっていくだろう。そして、店は空中分解する。

私はそんな店を山ほど見てきた。


店長が持つのは、孤独意識じゃなく孤高意識だ。


孤高とは、スタッフと同じ意識を持ちながらも、一番高い目線を持つ人を指す。そして**嫌われ役ではなく理解者でなくてはダメだ。**理解者になるから、指導が愛となる。

前述の店長だが、私が初めて指導した日から半年後、彼の素直さと努力のたまものだが、店は活気を取り戻した。スタッフ一丸となり、売上はずっと前年をクリアし続けている。

彼は店長の定義を書き換えたのだ。再度言おう。店長は孤独でなく、孤高であれ！

第2章

Achieving sales

～売上達成の鬼～

今日来たお客様は、明日来ないかもしれない。いま、何をすべきか？　それがこのビジネスのすべてである。

藤田田

無理に売るな。客の好むものも売るな。客のためになるものを売れ。

松下幸之助

鬼100則 11

いい商品だから、売れるわけではない

ある洋菓子店の店長から、こんな相談をいただいた。

「うちの店の洋菓子は、どれもすごく手間暇がかかっているこだわりの洋菓子で、自分で言うのも何ですが、美味しい商品なんです。それなのに、なかなか売れないのです」

いい商品が売れない理由は、それこそ値段の問題や、顧客層の問題などいろいろな要素があるが、私はこの**店長の「こだわり」というキーワードはすごく曲者**だと思う。**店というのは、こだわった商品を揃えたがるが、こだわりを伝える力がなきゃ売れるはずがない。**

そもそもこだわりの商品や高級商品というのは、ただ置いているだけでは売れない。どれだけいい商品を作ろうが、こだわった商品を仕入れようが、伝えられなきゃ、こだわりもないのと同じだ。

話を戻そう。私は相談された洋菓子店へ臨店させてもらったのだが、売れない理由は明確だった。その店長は、そのこだわりの詰まった洋菓子をただ並べていれば、食べた方の口コミで自然に売れると思っていたのだ。

そこで私は、店のスタッフを集めた。パティシエ自身からこだわりの洋菓子の「何がこだわりで、そのこだわりがあるからどう違うのか？」をレクチャーしてもらい、店員に説明できるようにした。そして、製作時の苦労を含めた簡易的なメイキングチラシを作らせた。徹底的にそのこだわりというヤツをお客様に伝えるありとあらゆる方法を取ったのだ。そして、入店されたすべてのお客様に、試食してもらうようにした。

その結果から書こう。そのこだわりの洋菓子は、今やそのお店の看板商品となり、最大の高収益商品となった。

誰もがいい商品だと思って仕入れるし、店に並べるはずだ。これは間違いない。でも売れないのはなぜか？　いい商品であることが、価値として伝えられてないからだ。

だから、**対面接客はもちろん、チラシやＰＯＰなどのツール、ＳＮＳ、YouTube なども含めて、商品のこだわりを伝える手段を磨くのだ。**いい商品であればあるほど、伝える力が重要になってくる。伝えられる力が伴ってこそ売れ始めるのだ。

伝える力こそ、売る力である。

「マーケットトーク」を浸透させろ

「マーケットトーク」という言葉は私の造語で、簡単に言えば、価格や商品説明の際、より効果的に訴求するための前置き話法のことだ。

ただ単に「この商品、安いんです」とか、「この商品は希少です！」と説明しただけでは、その価値が伝わらない場合がほとんどだ。だって、何と比べて安いのか、どう希少なのか、が実感できない。これでは、せっかくの伝えたい言葉の価値が伝わらない。

そこをより効果的に訴求する前置きがマーケットトークだ。

マーケットとは、文字通り「市場」を意味する。**マーケットトークとは、市場要素を絡ませた説明**と言ったほうがわかりやすいだろう。例えば「このジャケットは、9，800円と大変お安くなっています」というトークは通常のよく使うセールストーク。これを市場要素に絡めたマーケットトークに換えると「このジャケットは、同じ素材なら相場で15，000円はしますが、うちはこの値段でお出ししています」となる。

わかるだろうか？　**単に「安いです」から、「相場の○○円より安いです」と市場を定義することによって、どれと比較して安いのかがわかりやすくする。**

安い、高い、なんていう値段感覚は、所詮比較論だ。何と比較して安いかが抜けると、お客様に「安い」という実感を湧かせることはできない。

また、マーケットトークは値段だけじゃなく、すべての付加価値アップに使える。

例えば希少性。通常だと「このウールは、希少なニュージーランド産のメリノウールです」が、マーケットトークだと「通常、ウールと言えば8割がオーストラリア産を指しますが、このウールは1割の希少なニュージーランド産のメリノウールなんです」となる。「ウールの8割はオーストラリア産」と市場定義してから、ニュージーランド産であることを伝えると、より希少性を伝えることができる。

価格や希少性といった商品価値というのは、差別化を明確にして初めて生まれるものなので、何と比較しているのかが前置きにないと結局伝わらないのだ。「何だ、そんなことか！」と思うかもしれないが、意外とこの説明が抜けていることが多い。

使えば絶対に価値が伝わりやすくなる効果的な話術なので、ぜひ、店として共有してほしい。

鬼100則 13

店が消すべきお客様の7つの不安

せっかくお客様が来店されたのに、購入されずに帰られる。または、せっかくお客様が自社のECサイトに来訪されても売上につながらない。

業種問わず、こういった悩みを店長から最近よく受ける。

ここでは、お客様が商品を購買するプロセスの中で大切なツボを紹介したい。

お客様はなぜ買わないいか？　それは、不安が残るからだ。逆に言えば、お客様の不安を消せば必ず買われるということだ。

だから、接客にしろ、商品のコピーライティングにしろ、その不安を消せばいい。お客様の不安を解消すれば、そこに売上はある。

では、どんな不安か？　店が消さないといけないお客様の不安は、次の7つだ。

①必要か？／買っても使わないいんじゃないかという不安

②商品は安心か？／この商品の品質は大丈夫かという不安
③店は安心か？／ここの店は信頼できるのかという不安
④値段は安心か？／高すぎないか、安すぎないかという不安
⑤今買ってもいいのか？／買って後悔しないかという不安
⑥他の人はどんな買い方をしているのか？／他の人と同じ買い方をしたいという同調からくる不安
⑦買った人は、どう思ってるのか？／買って失敗したくない不安

このすべての不安を取り除く接客のことを販売というし、この不安を消す記述があるネットページが、売れるＥＣページということになるのではないか（レビュー含めて）。

お客様は、来店されてもなぜ買わないのか？

お客様は、ページ来訪されてもなぜ買わないのか？

悩んだ時は、この７つの不安が消されているか確認してみてほしい。

鬼100則 14

トップ顧客に目を向けているか？

新規客が取れないという店長のなげきは、今に始まったことではない。リーマンショック以降の店舗ビジネスのテーマでもあった。ただ、私は新規客の相談を受けるたびに、「なぜ顧客にもっと目を向けないのか？」と本当に不思議になる。

新規客を獲得する経費は、顧客を維持する経費の5倍もかかると言われているし、市場が成熟した今、新規客の獲得は本当に難しくなっている。コロナ禍で強さを見せた店というのも、ほとんどが顧客と太い関係性を持った店だった。

どう考えても、今一度顧客との関係性を見直し、顧客の流出をくいとめ、顧客の掘り起こしをした方が得策にしか見えないのだ。

元々顧客ビジネスというのは、地方の専門店がもっとも得意としてきたビジネスモデルだ。地方は都会と違い、新規客が少ないので目の前のお客様のリピートが生命線だ。そこで、地方で顧客ビジネスによって店舗を急成長させた私が、そのコツを書きたいと思う。

顧客ビジネスで大切なことは、顧客すべてにまんべんなくサービスするのではなく、顧客を分類し、そのトップ顧客に特別コンタクトをすることである。

まずどう分類するか？　**ＲＦＭ分析**という分類が一番効果的だったので紹介したい。どういう分析かというと、お客様の購買履歴を、Ｒ（recency 最新購買日）、Ｆ（frequency 購買頻度）、Ｍ（monetary 購買金額）毎に管理して、その値を点数で数値化し、上位から順にランク付けを行うというやり方だ。そして、その**上位顧客（だいたい20％〜30％）に対して、個別に高いサービスを提供し、優良顧客の固定化を図るのだ。**個別対応が基本なので、個別の顧客情報、購買、嗜好、個別のインセンティブ、メッセージ対応は必須となる。

昨今は、コンピューターがこのＲＦＭ分析もしてくれ、一括管理も可能ではある。だが、どれだけ進化しても、人が人にサービスを提供する場合、人がやったことが見えることこそが私は重要だと思う。個別のメッセージを含め、人の手間暇が見える部分は面倒くさがらずにすることが大切だ。

顔が見える対応こそが、顧客とのつながりのカギだ。

鬼100則 15

顧客を作りたいなら、お客様は選べ！

前項とは違った視点で、顧客化について考えてみよう。

お客様を選ぶとは、お客様を見た目や偏見で判断するということではないので、間違えないでいただきたい。では、「お客様を選ぶ」とはどういうことか？

実は、すべてのお客様は同じではない。

アパレルで例えてみよう。40，000円のプロパー（正価）コートを買うAさんと、60，000円が40，000円になっているセール中の特価コートを買うBさんは、同じ40，000円の買い物客だが、この2人は同じお客様だろうか？　さて、どう考える？

NOと答えた方が、正解だ。この2人のお客様はまったくの別だ！

Aさんは品質客、Bさんは価格客だからだ。

具体的に何が違うのか？

Bさんという価格客は、値段優先な浮遊客だ。もっと安い店がでてきたら店に来なくなってしまう。

Aさんという品質客は、品質優先なこだわり客だ。商品はもちろん品ぞろえや接客という、店が提供するクオリティが気に入って買われた方なので、その店に定着する確率が非常に高い。言葉は悪いが、浮気しない顧客となる可能性が高いのだ（いわゆる優良顧客）。

顧客化を考えた場合、この何をもって商品を選んでいるかという差は大変大きい。お客様というのは、同じように見えるが、実は、買う時に何を優先しているかで、選ぶ店が変わってくる。

当然、価格の優先順位が一番なお客様は、いつも安い商品を求め探すし、品質を最優先するお客様は、信頼できる品質を提供する店に、買い物を依存する性質がある。

タイトルに戻りたい。「お客様を選ぶ」とは、買う際の優先順位でお客様を分類して、より自社の店舗戦略に合った顧客を把握して、そこに対して**徹底的に販促を仕かけていくということだ**。これを総じて、顧客マーケティングと言う。

考えてもみてほしい。これから新規客は、なかなか増えない時代だ。大切なのは、顧客化戦略しかない。いい意味で、お客様は選ぶ時代が来たのだ。

鬼100則 16

価格設定で利益を確保せよ

店の粗利益を確保するには、まずは値引きをせずに、正価で売る努力をする。すなわち、価格を下げずに売るのが基本だが、店物販において正価消化率100%はあり得ない。売れ残りは必ず起こる。ほとんどの店長は「どうさばいていこうか?」と頭を悩ませているだろう。

一気に半額とすれば、そりゃ売れるだろうが、売れば売るほど赤字になっていくことも覚悟せねばならない。そこで、この項目では複数の商品を組み合わせて利益確保を図る、価格設定の手法を説明したい。

●**プライスライニング戦略**：商品のランクごとに、一定の価格を決める方法だ。3,000円均一、5,000円均一、10,000円均一というように、均一値段に商品を割り振る。これのいい点は、下限まで値引かなくてもいいので、商品によっては、粗利益が見込めるという点だ。価格管理がしやすくなるというメリットもある。また、お客様にとっては、購入基準がわかりやすくなり選ぶ楽しみや買いやすさが増す。

●**抱き合わせ価格戦略**:「ここのコーナーのものは、どれでも2点で○○円。3点で△△円」といった具合に複数の製品を組み合わせて、割引販売する戦略。プライスライニング戦略よりも、消化率が上がるので、大量在庫や品数が多い場合に適した在庫消化の価格戦略となる。

●**キャプティブ価格戦略**：主製品に付する製品を、キャプティブ製品と呼ぶ。この付随製品の価格を高く設定する戦略。例えば、電化製品で言えば、プリンター本体の価格を安くして、付随する消耗品で利益を得るという戦略だ。他にも、ゲーム機本体を安く設定して、ソフトで利益を得る、スマートフォン本体を極力安くして使用料金で利益を得る、というのもこの手法と考えられる。

●**端数価格設定**：980円、1，999円など、端数を8円、9円などにして割安感を与える価格設定を指す。

●**限定価格設定**：文字通り、限定期間だけ割引をして、その期間の購買を促進する価格設定を指す。

鬼100則 17

単価と接客を釣り合わせなさい

地元のカフェから、リニューアルをしたけれど常連が定着しないのでアドバイスをお願いできないか、と依頼され伺った時のこと。

リニューアル前は、ランチ時に700円のリーズナブルな洋食ランチを出していたのだが、リニューアルしてからは、女性を狙った1，200円の洋風懐石ランチに変えていた。料理の味は褒めてもらえるのだが、常連ができない。単価を高くすれば、その分客層は絞られるので、リピーターを作るのが生き残りに必須となる。その常連ができないのだ。

ランチ時に2回足を運んで、その原因はすぐにわかった。単価700円時の接客対応はそのままで食事単価を上げたので、値段を上げたことで従来の顧客は去り、新規のお客様も700円時のぶっきらぼうな対応では定着しなかった。

私はすぐに対応を変えさせた。**1，200円の洋風懐石料理に合わせた、きめ細かい対応に変えた。**セルフに近い対応だったのを、入り口からおもてなし接客を徹底し、メニューもスタッフに説明させ、1人客や愛想のいいお客様には雑談をして定着を狙った。

常連客というのは、人と人のつながりから生まれる場合がほとんどだ。それを、値段は上げたわ、接客はセルフだわじゃ、常連ができるはずがない。

値段を上げるなら、リピーターを増やすためにお客様との会話を増やし、つながりを強くし、常連を作るという戦略でないと売上は上がらない。**単価を上げたなら、接客対応もその単価に見合うものにしないと、ダメなのだ。**

何を言いたいか？　**値段と接客の密接な関係を考えてほしいのだ。**

スタバはなぜ、お客様に寄り添うマニュアルなき接客にこだわるのか？　そうじゃないとあの高単価のメニューと接客が釣り合わないからだし、マックがマニュアルで接客を簡略化しているのも、低単価の店では、画一化された接客で十分だからだ。

これは何も飲食に限らない。百貨店が接客教育を徹底しているのは、高額品は店への信頼がないと絶対に買われないからだし、ディスカウントの店では、値段ありきでそこまでの接客は求められない。

要するに、自店の単価と接客が揃っていないと、顧客はできないのだ。この視点で、もう一度店を見直してみてほしい。あなたの店の単価と接客は釣り合っているだろうか？

なぜ、店員は感じがよくなくてはいけないのか？

某商業施設の研修担当者から、以下の悩み相談をいただく。

「柴田先生、新入社員研修で『なぜ店員は、感じがよくなくてはいけないか』ということがうまく伝えられないのです。どう説明したらいいでしょうか」と。

たしかに、このことを伝えるのは、意外にもシンプルすぎてなかなか難しい。きっと店長の中には、スタッフに感じのよさを求めるものの、理由を説明できていない場合も多いのではないだろうか。

結論から言うと、**店員が感じよくなくてはいけない理由は、商品に店員のイメージが加わるから**だと私は考えている。

人は買い物をする際、無意識のうちに「商品＋商品イメージ」で物を選ぶという心理的作用が働くことがわかっている（これを利用した販促を、プロモーション戦略と言う）。

ＣＭタレントで考えてみよう。一流企業がなぜ高いお金を払って、好感度の高いタレントをこぞってCMに起用するのか？　それは、好感度の高いタレントと自社商品を紐づけさせて、「感じのいい女優さんが使っている商品だから、私も使ってみようかな」という心理を働かせたいからだ。逆も然りで、スキャンダルがあったタレントがCMを降板させられるのも、そのイメージを商品に紐づけさせたくないからだ。

要は、タレントが本来持っているイメージを利用して、商品に付加価値を生み出し、結果的に売上を作ることを狙っている。インフルエンサーやオピニオンリーダーに商品を宣伝してもらう販促が増えているが、これも同じである。

そして、店員もまったく一緒だ。

人の印象が商品に付加価値を加えると考えるならば、**感じのいい店員の印象がそのまま商品イメージとなり、売上に影響する。**

また、商品イメージのみならず、店のイメージも同じだ。**店員の印象がそのまま店の印象となるのも同じ心理作用だ。**

だからこそ、店員には、感じのよさが求められる。人の印象というのは、考える以上に買い物に影響を落とすのだ。そして、店員の印象があなたの店の印象となる。

鬼100則 19

ピンチさえ美味しい売る理由になる

「コロナ感染ですごく在庫が余ってしまったのでたたき売りしまっセール！」

ちょっと笑ってしまうかもしれないが、これは、私のクライアントだったセレクトショップの店長が、コロナ禍で売れなかった時に生み出した苦肉のセール名なのだ。

当時、コロナ禍での売上不振で、倉庫には在庫が山のように積み上げられていた。それを支援先店長と一緒に見て、どう処理すべきか悩んだ挙句、私は店長にこう言った。「店長！私たちの今の思いをありのまま隠さずにお客様にぶつけたらどうかな？　**コロナで在庫が山積みで死にそうだから、買ってください！**」と。正直これこそ苦肉の案だった。そして、それをヒントにその店長が考え出したのが、冒頭のセール名なのだ。

その結果をお伝えしよう。半信半疑でセールを告知したが、同情心があったのか（笑）商売の卑しいイメージが消えたからか、とにかくコロナ禍とは思えないほど、お客様がたくさん来店され、バックヤードの在庫はみるみるうちになくなった。大成功だったのだ。

もちろん、この店が築き上げてきた顧客とのつながりもあったとは思うが、とにかく売れた。
この成功をうけて、私のこれまでの考えは確信に変わった。**商売というのは、どんな状況でもそれを売上に変えていこうとする図太い発想力がすごく大切だということだ。**

考えてもみてほしい。元々商売人というのは、つねに何でもかんでも売る理由に変え、生き抜いてきた。例えば、正月なら新春フェア、2月なら節分セール、バレンタインフェア、3月ならリクルートフェア、4月ならフレッシュフェア……とにかく、なんでもその場の状況をフェアやセールにひっかけて売ってきた。それが商売の歴史だと言っても過言ではない。

売れない、売れないと悩む店長は多い。だけど、それは、あまりにカッコつけて売ろうとしすぎていないか？　**もっと自分のピンチや今の状況を、「売る」ことに変換する発想力が必要だ。**物を売るプロとは、３６５日、何かにつけて売る口実を作るプロなのだ！
本当に売りたければ、ピンチさえ美味しい売る理由になる！　店長よ、視点を変えて売上を取れ！

口コミは待つんじゃなく作るもの

先日、ある飲食店の店長から売上相談を受けた時のこと。その店は開店して1年で、路面にあり、味にはすごく自信のあるケーキ屋だ。でも、なかなか集客と売上が伸びない。集客がうまくいっていない原因を聞いてみると、「路面ということもあり、味には自信があったので、販促経費を押さえつつ、隠れ家的な口コミ戦略をとっている」ということだった。そこで私は聞いた。「口コミを発生させるために、何か仕かけはしていますか？」と。すると、「え？　口コミですよね。口コミって仕かけるんですか？」という答えが返ってきた。

口コミとは、いい商品をならべ、いい接客をして、お客様を満足させれば、お客様が勝手に口コミで広げてくれると思いがちだが、正直に言ってそんなうまい話はあるはずない。**口コミなんて、待っていても起こらない。口コミは意図的に起こすものなのだ。**

例えば、テレビなどでよく「今日は、◯◯町にある行列ができるパン屋さんに来ています！」といったように店が紹介されていることがある。自然な口コミなどで、テレビ局がその店を探して来たと思っている方が意外に多いが、まったく違う。ほとんどが店からテレビ局への売り込みだ。

紹介してもらいたかったら、こういうニュースレターを書くのだ。

「私たちは、◯◯町にある△△というパン屋です。実は、私どもの店は、週に一度、パンの半額セールをするのですが必ず行列ができます。もしそのような企画の時がありましたら、ぜひ取材に来ていただけたら幸いです」

私たちは、口コミや紹介は自然に生まれるものと思いがちだが、そうではない。口コミとは、お願いしたり、仕かけたりして作り上げるモノだ。行列もそうだ。

また、紹介をしてほしいなら、紹介キャンペーンをすればいい。前述したケーキ屋は、その後、紹介キャンペーンで口コミに成功し、安定した売上を作れていることを最後に記しておく。

口コミは、待つのではなく作れ！

（※２０２３年10月に施行された「ステマ規制法」により、「口コミを書いてくれたら〇〇をプレゼント」といったキャンペーンでもらった口コミには「ＰＲ」などと記載しなければ違反になる可能性がある。ここは注意してもらいたい）

鬼100則 21

我々が売っているのは「印象」だ

「としまえん」の跡地に、映画『ハリー・ポッター』の世界が体感できる施設ができたばかりのころ。地元商店街がすごく盛り上がっているというニュースをやっていた。地元のパン屋さんが、チョココルネの名前を「ハリー・ポッターの帽子」と改名したら、いきなり売上が10倍になったそうだ。名前を変えただけで、これだけ売上が変わるのだから、驚きである。

この放送を見て思ったのだが、印象とは時に物（商品）以上に大切だ。

だって、名前を変えただけで商品は一緒なのに、売上がこれだけアップしているのだ！

すなわち、**商品の印象を変えるだけで、売上が大きく変わる。**

これと似ている事例は、それこそたくさんある。

例えば、伊藤園の「お〜いお茶」。言わずと知れた人気飲料だが、1985年に発売した時は「缶入り煎茶」という名前だった。売上が伸び悩んでいたところ、1989年に「お～いお茶」へ名前を変更した。その結果、売上はそれまでの6倍に跳ね上がり、約40億円に急増したのだ！　もちろん、変えたのは名前だけで中身は一緒だ。

もう1つ、例を紹介しよう。

高級ティッシュの「鼻セレブ」も、もともとは違う名前だった。発売当初は、「ネピアモイスチャーティシュ」という長い名前だったのだ。こちらも売上が伸び悩んでいたところ、名前を「鼻セレブ」に変えたらいきなり売上が10倍に！　しつこいようだが、変えたのはあくまで名前のみだ。

これらは、名前を変えることで、商品の印象を変え、売上を増やしたいい実例だと思う。名前の変更は、あくまで商品の印象を変える方法の一例だ。CMなどの販促、接客の印象アップでも、商品の印象は変えることができる。

「商品が同じなら、商品印象をアップする方法を考えたらいい！」、その視点で店を考えたら、まだまだやれることはたくさんある。商売とは、商品と商品印象の両軸で売れていく。**商品が同じなら、商品印象を上げるのだ。**

鬼100則 22

醤油・味噌・塩すべておすすめのラーメン屋はつぶれる

「何でも売っているけど、何の魅力もない店」

「すべてのお客様を喜ばせようとして、誰も喜ばない店」

これは、顧客の多様化に対応しようとして失敗した店の、戦略の一例である。

コンサルタントの世界では、「すべてのラーメン（醤油、塩、味噌）がおすすめのラーメン屋はつぶれる」という言葉がある。

これは言葉通り、**どの商品も均等におすすめということは、すべての商品が何の取柄もないということの裏返しとなるからだ。**

店の強いウリがあり、それをお客様が認識して初めて、お客様はその店の価値を見出していく。**店側がすべてをウリにしてしまうと、お客様からしたら何も頭に残らない。**ということは、店自体がお客様に残らない。当然、次の来店もない。

そこで、「塩ラーメン専門店」とか「つけ麺専門店」、「担々麺専門店」という風に、店側からウリを明確にする。こうすると、どういう店かお客様もわかりやすくなり、記憶に残りやすい店となるので、店の認知度が一気にあがるという具合だ。

「あなたの店のウリは何か？」、この質問に、あなたはすぐに答えられるだろうか？

もし、あなたが言えないなら、きっとお客様にも伝わらないし、当然お客様の頭の中のラインナップにも浮かばないだろう。もしかしたら、あなたの店が売れていない原因はここにあるんじゃないか？

もう一度、あなたの店のウリ、すなわちお客様に伝えたい「あなたの店の一番得意なこと」を考えてみてほしい。

価格か？　商品の専門性か？　品ぞろえの優位性か？　接客の親身さか？

あなたが自店の特徴の旗を振れないのなら、そこに集まるお客様がいなくて、それは当然だ。まずは店の特徴を打ち出し、ウリを見つけろ！

それが、これから店が生き残るための第一歩となる。

鬼100則 23

値段で売るな、価値ですすめよ

コロナ禍で、閉店を余儀なくされた店の多くは、目先の売上を追って安売りに転化して、利益を落とし体力を失った店だ。すなわち、価値で商品を売り抜けなかった店と言っても過言ではない。

たしかに、値段を安くすれば売れると思うのは常だろう。ここで気をつけなければならないのは、安いという理由で買うお客様は、安くし続けないと続かないことと、もっと安い店ができるとそこに流れていくということだ。安くし続けないと、顧客として定着化しない。それゆえ、一時的に売上は作れるかもしれないが、その後が続かないのだ。

激安をウリにした店ならばそのような戦略もいいとは思うが、マンパワーで価値を作り、定価で売り、顧客化していくような店では、安易な安売りは命取りになりかねない。やはりマンパワーを活かす店は、価値を売り、利益を得て、顧客化していってほしい。

そこで、値段ではなく価値で売るのにすごく大切な論点を記したいと思う。

まず、なぜお客様は安い商品を買いたがり、高い商品を買わないのかを考えてみてほしい。**たいていのお客様は、安い商品はお得で、高い商品は損だと思っている。**

一時の出費だけを考えれば安い商品は得に見える。だが、よく考えてみてほしい。安いけど損な商品だってあるし、高いけど結果としてお得になる商品だってあるのだ。

例えば、安いからお得だと思って買った９８０円のＴシャツと、すごくお気に入りの４，８００円の正価のＴシャツ。一見すると、９８０円の方が得に見えるが、結果として、お気に入りのＴシャツの方が９８０円の10倍着たとしよう。さて、どっちがお得になる？　言うまでもなく４，８００円のＴシャツだ。

要するに、購入金額うんぬんでなく、結果的に元を取る買い物がもっともお得な買い物となる。**結果的に価値を優先した方が、お得になるのだ。**

値段が安い商品がお得ではないし、値段が高い商品が損なわけではない。この提案ができれば、お客様は値段で買わず、価値で買う。価値あるものは、何度も使うし、気に入って大切にもするからだ。

そういう提案と誘導ができる店が、価値で売る店、すなわち顧客を作る店だ。

鬼100則 24

商品価値を上げて、安くを感じてもらえ

「うちのお店はどうしても正価販売が弱く、セールなどの値引きでの売上ばかりが多くなり、正直利益が確保できていないのが実情です。正価販売を強化していきたいのですが、どうしたらいいでしょうか？」。このような相談をここ数年たくさんいただくようになった。そこで、この項目では、正価販売の秘訣を紹介したい。

まず理解してほしいのだが、値段と商品価値というのは、実はトレードオフの関係にあって、**商品価値が上がると、値段は安く感じる**。反対に、**商品価値が下がれば、値段は高く感じる**という関係なのだ。そして、これが、値段を下げずに正価で売るロジックである。

例えば、10，000円のニットセーターがあるとしよう。値段だけ見ると一見高い。だが、販売員がやってきて、こう説明をされたらどうだろう？

「このセーターは、ウールでも大変希少なカシミアで、しかも特に希少な地区のカシミアなんです」。こう言われたら、「それなら10，000円ぐらいはするか。いや、ひょっ

としたら、それでも安いくらいかもしれない」と、ならないだろうか。少なくとも「10，000円は高い」と思った価格から、納得の価格になったはずだ。

これが商品価値が上がると値段が下がるという心理作用だ。では、具体的には、どうやって上げるのか？　6つの方法を次に紹介しよう。

①商品の特徴を伝える→知覚品質の向上で価値を上げる
②ブランド力を高める→認知度を上げる。他の商品との違いを明確にし価値を上げる
③商品製作の手間暇を伝える→製作の難しさで価値を上げる
④市場背景を伝える→希少性で価値を上げる
⑤人気商品であることを伝える→トレンド性で価値を上げる
⑥普遍的定番性を伝える→時代に左右されない普遍性で価値を上げる

これらの商品価値を、人的販売、ＰＯＰ、広告などの販促媒体を使って、お客様に訴求し伝えていくのだ。商品価値が上がればその分、お客様の購買満足度も高まり、その先に顧客化や定着化がつながっている。ここは販売以上に重要な論点なので押さえてほしい。

値段は下げずに、商品価値を上げて、安く感じてもらう。それが、満足な買い物へとつなげるのだ。

あなたの店が売れない理由10選

「うちの店は、○○市の△△という商業施設に入居してます。価格帯は～です。どうして売れないのでしょうか？」。このような漠然とした質問を、店長やオーナーからいただくことがある。そんな時、私は、下記のチェックをお願いしている。題して「あなたの店が売れない理由10選アンケート」だ。店に売上がないのには必ず理由がある。次の10項目を、あなたもチェックしてみてほしい。

①知られているのか？：そもそも知られていなければ話にならない。認知されるために、何をする？　どんなツールを使う？

②来店の動機（集客）を作れているのか？：あなたの店に来店する理由を作らなければ、閑古鳥が鳴いたままだ。認知させたいなら、動機を作れ！　目玉商品でもいい。

③売る品を間違えていないか？：環境にマッチした品ぞろえをしているのか？　それとも品ぞろえに環境が合っていないのか？　激安店で高級品は売れないのだ。

④売るものが市場（マーケット）と合っているのか？：売っている商品が、時代のニーズに合っているのか？　そして、そこに市場（マーケット）は存在するのか？

⑤狙った客層が来ているのか？：値段の高い商品は、それを買える客層が来ないと売れるはずがない。逆も然りだ。自店にマッチした客層が来店しているのか？

⑥お客様の心地よい空間になっているのか？：店に不快感はないか？　クリーンリネスは徹底されているか？　接客や店員の態度や服装がお客様から支持を得ているのか？

⑦前向きな人を雇えているか？：店の正体は人である。売上をどうやって作るか、一緒に前向きに考えてくれる人がいなければ売れるはずがない。

⑧強みを伝えられているのか？：あなたの店の市場に対する強みは何だ？　それをちゃんとお客様に伝えられているのか？

⑨違いを伝えられているのか？：あなたの店は他の店に比べて何がいいのか？　ちゃんとそれを伝えられているのか？

⑩顧客化する仕組みはできているのか？：リピートしてもらうための仕組みとして、ポイントシステムや会員制度、コンタクトツールはそろっているのか？　顧客なくして、これからの売上は作れない。

鬼100則 26

売上のない日は、こうアクションしろ！

どれだけの好調店でも、売上に苦戦する日は必ずある。業種やロケーション、ECチャネルの有無にもよるが、売上0という日もないことはない時世である。店長にとって、もっとも頭の痛い日であることは間違いない。そこで、そんな日は店長としてはどうあるべきか、どう店にアクションを起こすべきかを考えたい。

野球に例えるならば、ずっとスコアボードに0が並んでいる状況なわけだ。そんな時、監督は何をするのか？　マインド面で、監督が暗くなっていては始まらない。メンタル面でもリーダーとなって鼓舞する姿勢が必要だ。また、戦術面では、きっとバントしたり四球を選んででも出塁を試みるはずだ。

要するに、**腐らず、焦らず、基本的なことで流れを変えていくのだ**。それらを踏まえてアクションできることを次にまとめたので、参考にしてほしい。

●**基本に戻り、当たり前のことを再確認する**：基本的な声出し、待機姿勢、身だしなみ、店のレイアウト、陳列、在庫など、店として売上を作るための基本が抜けていないかをチェックするいい機会だと思う。

●**店のインフラ整備を徹底する**：店の在庫確認や発注業務、ストックルームの整理、備品管理、クリーンリネス、とにかく店のインフラ部分の整理とチェックをして体制を整える。

●**店長は不調の時にいるものと思う**：「好調時に店長はいらない」とも言われるように、店長が必要なのは不調時こそだ。そんな時こそ、店長は店を鼓舞せよ！

●**競合店を視察したり、ディベロッパーとの情報共有をしたりして、発想転換する**：自店の不調時、他店はどうなっているのかを調査することは大切だし、テナントならばディベロッパーとの連絡を取り情報交換をする。

●**お取り置き客への連絡や、売り出しの顧客販促をする**：店が動いていないならば、裏の動きに注力しよう。電話、メール、ＳＮＳなどのツールを駆使して、顧客連絡をする。

●**思い切ってスタッフを帰す**：あまりにも店の状況がひどいなら、そして可能ならば、思い切って時給スタッフやアルバイトを帰すのも１つの運営手段だ。ひどい日はそれくらい割り切って、再出発してもいいと思う。

第3章

Store layout

～売り場作りの鬼～

店は客のためにある。

倉本長治

商売をする上ではお客様を観察することがもっとも大切なことだ。

柳井　正

鬼100則 27

ビールと紙おむつは一緒に売れ

このタイトルを読んだ読者の中には、「どういうこと?」と思われた方が多くいるかもしれない。一見、この2つの商品はまったく関係がなさそうに見えるが、実は深い関係がある。簡単に説明したい。

昔、アメリカのコンサルタント会社が、スーパーマーケットでの買い物データを調査したところ、缶ビールと紙おむつを一緒に買う客がものすごく多いということがわかった。

なぜか? 購買データから客層をよくよく調べると、買っていたのは、ヤングファミリーのパパ。自分の缶ビールの箱と、妻に頼まれた子供用の紙おむつを、同時にカートに入れて買っていくことがわかったのだ。一見、関係のなさそうな2つの商品に見えるが、その背景を知ると、「なるほど!」となる。

ビールと紙おむつは、店側が戦略的に売ろうとした組み合わせではなく、客側が買ったものから逆算した組み合わせなので、これには、店の店長さえ気が付かなかったわけだ。

この調査以来、そのスーパーマーケットでは、缶ビールの隣に紙おむつを配置して、セット販売を強化し、客単価を上げ売上を伸ばしている。ちなみに、この商品を入れる買い物かご（バスケット）から、購買データを分析する方法を「バスケット分析」と言う。

きっと、あなたの店にも、「ビール」と「紙おむつ」と同じ、バスケット分析の組み合わせがあるはずだ。それを活かさない手はない。

実際に、私がアパレル専門店の社長だった時、全店長にバスケット分析をさせた。すると面白いことに、ＯＬが多い駅ビルの店では、ワンピースとジャケットを一緒に買うケースが多く、ショッピングモールではデート用にワンピースとカーディガンを買っていくケースが多いことが判明した。それから、その組み合わせを陳列や販売、販促に活かすとセット率と客単価が向上し、売上が1・2倍に上がった事例がある。

あなたのお店は、購買データから逆算して、店の陳列や販売、プロモーションに活かしているだろうか？　もし、**あなたの店が、店が売りたいものだけで店作りをしているなら、一度、お客様視点からさかのぼってみることをすすめたい。**このバスケット分析が即効的なのは、あくまで、お客様の行動がベースだからだ。

鬼100則 28

店員が3人集まる「なんか感じが悪い店」

私が大学卒業後勤務していた呉服チェーンでの新人時代の話。ある日、店内で私と女性店員2人の3人で、仕事の話をして笑っていたことがあった。そこにたまたま休日出勤の店長が現れ、その姿を見てこっぴどく怒られた。その話を少ししたい。

私は怒る店長に「仕事の話をしていた」と話したのだが、すぐにこう切り返された。

店長「理屈はいい。人がどう感じるかは突き詰めれば理屈じゃないんだよ。店の真ん中で3人集まって笑っているのをお客様が見たとしたら、これ、感じいいか？　悪いか？　どっちだ？」

私「不快だと思います」

店長「そうだろう。**お客様は理屈で店を見るわけじゃない。説明できない、理屈なき快不快で店を見ているんだ**」と。

当時は、正直言ってよく理解できなかったのだが、今となっては痛いほどよくわかる。

店員が3人集まって仕事の話をしている。このこと自体は悪くはない。正誤という視点なら間違ってはいない。ただ、快不快という視点ならどうだ？　間違いなくいい風に思わない。そして、それが店の評価のすべてだ。

何を言いたいか？　**店の不快感はたいてい、説明できない「なんか感じが悪い」なのだ。**

店員が3人集まって笑っている姿。お客様が困っていても気づかず会話する店員達。面倒くさそうに受け答えする対応。無表情で怒ったように聞こえるレジ対応。仁王立ちで笑わない待機……。

キリがないのでもうやめるが、これらすべて、なぜダメなのか、明確に指導できて、説明できる店長はいるだろうか？　私の知りうる限りでは少ないと思う。何度も言うが、明確な言葉で説明できない快不快のジャンルのところだからだ。

ネット上の店の口コミページを見てみてほしい。商品のよし悪しを語っているものなんてすごく少ない。**たいていは、あそこの店員は感じが悪い、あそこは感じがいい、レジ対応は最悪だ、そんな快不快な内容ばかりだ。**

あなたがいい店を作りたいと本当に思うならば、まずテコ入れしないといけないのは、ここじゃないのか？　快不快という視点で、あなたの店をぜひ棚卸ししてほしい。

鬼100則 29

カラーバス効果で繁盛店のヒントを拾え

「**カラーバス効果**」という言葉を聞いたことがあるだろうか？

この効果は、ある1つのことを意識すると、日常生活の中でもそれに関する情報が自然と目に留まったり、意識したりするようになり、自然とたくさんの情報を得ることができる現象を指す。

例えば、朝スマホで見た占いに「あなたの今日のラッキーカラーはオレンジ色」とあったとしよう。するとあなたは、オレンジ色のバッグを持つ女性、オレンジ色の帽子をかぶって歩く若い男性、吉野家のオレンジの看板など、一日中オレンジ色の物が目に留まり意識するはずだ。

もしあなたが、店の運営の精度をもっと上げたり、売上を上げるいろいろなヒントがほしいと愚直に思ったとしたならば、テキストを広げたり講義を受けたりするのもいいが、カラーバス効果を意識して生活してみることをすすめたい。

例えば、店の客単価を上げたいとしよう。そうしたら、「客単価を上げる仕組み」というキーワードを意識して街に出てみたらいい。これまで何気なく通り過ぎていた百貨店にぶらりと寄って、接客を受けてみる。陳列を意識して見てみる。品ぞろえを考えてみる。**カラーバス効果が働けば、これまで意識してこなかった視点で、ヒントがずらりと見えてくるはずだ。**

「なぜ、コンビニのレジの隣にはフリスクがあるのか？」

「なぜ、ちょうど目線の位置に一番売りたい商品が配置されているのか？」

「なぜ、パスタのそばに粉チーズが陳列されているのか？」

このように、これまで気にしていなかった視点が見えてくる。

繁盛店のヒントは、同業種の店舗研究からもらえるものとは限らないし、店の店長机でネットを見ながら考えて出てくるものではない。ましてや、本社の会議で湧き出るものでもないのだ。休日のお客様と同じ意識で過ごす店周りにあることが多い。カラーバス効果を意識することで、それらのヒントを拾うことができる。

休日にカラーバス効果を使って街の店舗を歩いてみると、ヒントがごろごろ落ちていることが少なくないのだ。ぜひ試してみてほしい。

店は「0かけ算」

手袋がほしくて、買い物にでかけた時のこと。

某セレクトショップで手袋を見ていたら、男性店員が近づいてきて、「手袋お探しですか?」と、蚊の鳴くような声で聞いてきた。店員を見ると、表情が暗く、明らかに目が死んでいる。

それからも、ずっと彼の蚊の鳴くような声の接客は続いた。いろいろと話してはくるのだが、正直言って、彼自身の印象が暗くて、覇気も感じないから、言葉が心に入ってこない。

そして、どれだけいい商品をおすすめされても、彼というフィルターを通すから、素敵に見えないのだ。

この「どれだけいい商品でも」というのがポイントだ。

商品の魅力をお客様に伝える時、まず伝える人が魅力的かどうかで伝達効果は変わってくる。**たとえどれだけ商品がよかろうが、陳列がよかろうが、品ぞろえが素晴らしかろう**

が、店員が不快な接客をするならば、それだけですべて台無しになるということだ。

それは、かけ算に似ている。かけ算は、どれだけの数字をかけ合わせていっても、最後に０をかけたら、答えは０になる。店の売上も、これと一緒なのだ。

例えば、せっかく素晴らしい陳列を作り入店率を上げても、せっかくバイヤーが頑張って素晴らしい商品を投入しても、せっかく清潔感のある店にしても、高飛車で感じの悪い店員が最後に接客してお客様を不快にしたら、どうだろうか。

きっと、こうなるだろう。

素晴らしい陳列×素晴らしい商品×きれいな店内×ダメな接客（ゼロ）＝お客様の評価は０だ。

もちろん、接客だけじゃない。

買い物というのは、入店↓商品選び↓接客↓レジの流れで、どこかに０が入ると、お客様の店への評価は０になる。繰り返しになるが、０に何をかけても０になってしまうからだ。

つねに「店内に０がないか」、必ずチェックしてほしい。

鬼100則 31

なぜ、スーパーの入り口は生鮮食料品なのか？

なぜスーパーマーケットの入り口は生鮮食料品なのか、考えたことはあるだろうか？

これは、私が出店していた某大手ショッピングモールの食品担当部長から聞いた言葉だが「**旬の食材を置いておくと、入り口の視覚マンネリを起こさないから**」だそうだ。

秋には、梨、栗、柿、ぶどう、きのこ、さつまいも……春には、たけのこ、菜の花、玉ねぎ、苺……といった風に、旬の食材だと、取っ替え引っ替えで入り口を彩れる。ゆえに、入り口で季節感を演出でき、視覚対流のある陳列を作れる。すると、お客様は来店の度に鮮度を感じるので、視覚、マインドの両面でマンネリを感じさせず、再来店に引き込めるらしいのだ。

そして、最後にその部長はこう言った。「**マンネリは店の敵ですよ**、柴田さん」と。

私も同感だ。私がやってきたアパレルも同じだった。繁盛店では、日に3回、ショーウィンドウの陳列を替える。また、気温によっても陳列を替えるし、雨が降ってきたら陳列を雨仕様に替える。そんなきめ細かなショーウィンドウの陳列替えが、実はお客様の再来店に効果を生みだしている。その効果はスーパーと同じだ。

何を言いたいか？

「マンネリとどう向き合うか？」、これが、お客様に足を運んでもらうための答えだ。人がなぜ、もう一度その店に行きたくなるかというと、次に行ったらまた新しいワクワクに出会えるからだろう。だとしたら、いつも同じ陳列で、いつも同じ商品で、いつも同じ空気の店に、何度も足を運ぶだろうか。

私は店のほころびとは、「いつも同じ」というマンネリから始まるのだと思う。店は何度もお客様に足を運んでもらうために、いつも新鮮な風を吹かせ、マンネリチェックをしないといけない。**その一番辛辣なチェッカーは、店長でなければいけないはずだ。**

最後に、これだけは伝えたい。**店員のマンネリが一番怖い**、と。

緊張感なく、デレーッと店に立っているだけの店員をよく見かけるが、これが一番再来店を拒むマンネリになってやしないか？

店長よ！　再度、店のマンネリチェックをお願いしたい。

鬼100則 32

お客様の「なんとなく」を理解せよ！

私は社長時代の20年間で、のべ70店舗を新規出店させた。その経験からようやくわかったことがある！　それは、お客様は理由があって行動しているわけじゃないということだ。

お客様は、「なんとなく」で判断して、動いている。入店も買物も、突き詰めればそう。そこには理屈にできない「なんとなく」の心理がある。

例えば私には、こんな経験がある。

私がモール内に出店したファミリーブランドのお店で、たった50センチ、メインの店の入り口を広げただけでカートのお客様の入店率が1・5倍になったことがある。それに連動し、子供服の売上も増えた。たった50センチ通路を広げただけで、だ。

理由は明確。カートを引いたお母さん客は、「なんとなく」カートで入りにくそうな店には入店しないのだ。試しに、他の店でも同じことをしてみた。するとすべての店で入店率と売上が上がった。

また、通路のすぐ近くに売れ筋の商品を陳列すると、入店率が上がる。なんとなく「いいなぁ」とお客様が思いやすくなり、店に入ってくるのだ。

例はまだまだある。すべての陳列にアクセサリーをつけたらアクセサリー売上が2倍になった。陳列を見たお客様は、なんとなく洋服と一緒にアクセサリーを買うのだ。

反対に、入り口に店員が立ちっぱなしでいる店や、店員同士がおしゃべりしている店の入店率は下がる。理由は、同じ。「なんとなく感じが悪い店」だからお客様は入らない。

店の入店率を上げたいなら、こういった「なんとなく」を理解するのだ。

鈍感な人や教科書好きな人は、この「なんとなく」が理解できない。「なんとなく」は法則がないし、教科書にもない。入店や売上というのは、教科書通りが通用しない世界なのだ。

ゆえに、**店仕事は頭で考えず、「なんとなく」を観察し、思いついたことをすぐやってみることが大切だ。やってダメなら変えればいい。この柔軟性が命である。**あなたの店は、あなたが見て感じた「なんとなく」から、変えていくのだ。

まず、よーくお客様を見てみてほしい。そうすれば、必ずお客様の「なんとなく」が見えてくる。（理屈で）考えるな！　感じるんだ！

陳列替えで入店率を上げろ

当たり前だが、入店率を上げないと、売上は上がらない。その入店率を大きく左右するのが陳列だ。入店率を上げる陳列替えには、ポイントがある。ここでは、私がこれまで見てきた何千店という繁盛店から、陳列替えのポイントを絞って紹介したい。

●お客様が少ない時に行う

陳列替えの目的の1つが、店に動きを出して、入店客を増やすことだ。それゆえ、自然入店の多い時間帯は避けて、店が閑散としている時を狙って行ったほうが効果は出る。

●陳列にはテーマを与えよ

陳列替えをスタッフに指示する場合に大切なのは、商品を指定するのではなく、テーマを与え考えさせることだ。例えば「この場所は、夏休みをテーマに陳列を作ってくれ！」といった具合だ。

●陳列は時間帯別の客層とリンクさせろ

曜日や時間帯別、天候別の客層に合わせて陳列を替えるよう、朝礼などで指示を出す。例えば、平日の日中ならば、主婦向けで、夕方以降は会社員。土日ならばファミリー向け。気温や天候も考慮して、きめ細かく陳列替えをする。

●**陳列で、在庫コントロールせよ**

コンビニで多用されている方式なのだが、在庫が少なくなったら、陳列の面積を広げてボリューム感を出し、欠品しそうな棚は他の商品に入れ替えて在庫を陳列でカバーする。一定のボリューム感を持たせることは鉄則だ。慣れてくれば、スタッフは目視で在庫確認もできるようになる。

●**マグネット陳列で、奥まで引き込め**

マグネット陳列とは、関連性のある商品を並べて磁石のようにお客様を店に引き込む手法だ。通路から見える店奥にお客様の興味をひくマグネット陳列を配置して、入店率を上げることを意識せよ！

●**お客様の購買データと陳列を連動させろ**

陳列を売れ筋データと連動させたり、売りたい商品と連動させたり、つねに購買データや売上計画と連動させる。商品の陳列によって売上につなげていく思考が大切だ。

鬼100則 34

繁盛店の陳列は、ちょっとした心理効果であふれている

店舗と人の心理は密接に関連していて、本当に面白い。何気なく見える店舗の風景も、そこには巧みな心理効果や意味が落とし込まれているのだ。ここでは、陳列にあふれている心理効果を、厳選して紹介したい。

●**売りたいものは左側**：人間は、左側からものを見る習性がある。そのため、売りたいものは右側より左側に配置する。

●**羨望効果**：アパレルで店員に売りたい商品を着せるのは、店員が着ている商品が陳列よりよく見え、ほしくなるという羨望効果があるからだ。

●**もっとも売りたい商品は床上140センチ**：目線より少し下、床上140センチの場所にもっとも売りたい商品を配置する。これは、ゴールデンゾーン陳列というコンビニでもっとも使われる陳列方式だ。心理学の目線効果がベースになる。

●**入り口に置くのは一番安い商品**：入り口に高額な商品を置くと、値段を見て、それ以上

お客様は奥に入らなくなる。入り口には一番安い商品を置き、値段の心理的なハードルを下げることで、入店率を上げる。

●**レジ前で客単価を上げる**：レジ周りには、レジ待ち時間を利用した衝動買いを誘発できるように、単価の低い品や在庫処分品を配置して、客単価を上げる仕組みを作る。

●**BGMで購買意欲アップ**：店内BGMは、お客様の購買テンションにダイレクトに影響するので、セールやフェアの時は、アップテンポの曲にする（「蛍の光」が流れると帰りたくなるのも、同じ効果だ）。

●**入り口は1m以上**：1mより狭くすると、一気に入店率が下がるから、必ず空ける。

●**関連商品を近くに配置**：関連した商品をかならず近くに配置し、陳列の連動効果で客単価をアップさせる。例えば、コンビニならパンの棚の裏側に必ず飲み物を置く、アパレルならTシャツの近くに必ずデニム、襟シャツの近くにはチノパン、などだ。

あげればキリがないくらい、繁盛店には心理効果が意図的に落とし込まれている。人は、本当にちょっとしたことで直感的に判断をしているため、こうした心理効果の影響は大きい。心理効果という視点からも、店舗陳列を楽しもうじゃないか。

第4章

Staff development

～スタッフ育成の鬼～

即戦力になるような人材なんて存在しない。だから育てるんだ。

スティーブ・ジョブズ

失敗するリーダーの90%は人格に原因がある。

スティーブン・R・コヴィー

鬼100則 35

まず売上の定義を揃えよ

先日、某専門店企業の人事教育担当の方に「新入社員に、まず教えないといけない大切なことはなんでしょうかね？」という質問をされた。

結論から書くと**「売上とはなんぞや？」という定義をしっかり何度も何度も教えてほしい。**

なぜ、ここが大切なのか？

強い店のチームビルディングにもっとも大切なことは、スタッフ全員の売上の定義を揃えることだからだ。だって、その定義が全員バラバラで、別解釈だと、結局「売上作り」という仕事の目的が噛み合わなくなる。

ある正社員は、売上とは、お客様満足の成果だと考え、

あるパート社員は、売上とは、自分の時給アップの評価だと考え、

あるアルバイトは、売上とは、会社からのノルマだと考え、

最近入ってきた新人は、売上なんて、自分に関係ないことだと思っている。

この4人が一緒に店仕事をやっても、絶対にうまくいくはずがない。売上の解釈の差が、スタッフ不満になり、スタッフ間トラブルになり、相互ストレスになり、果ては接客に表れ、お客様不満となるからだ。

私の経験上、店がうまくまとまらない理由は、たいてい売上の定義が揃ってないことがほとんど。だから、同じ目標をもてない、互いに助け合わない、ということが起こる。

だからこそ、新人には、間違った売上解釈がないよう最初に教えてほしい。

どれだけ綺麗事を並べても、結局は、私たちの仕事は、売上からは逃げられない仕事だ。ゆえに、**売上という正体のとらえ方の差が、日々のやりがいの差になり、仕事の意識の差になり、結局は、接客レベルの差になる。**まちがった売上の解釈は命取りだ。

正しく売上を理解し、全員で共有する。これは、新人教育だけでなく、現スタッフも含め、大切なことだと私は思う。また、売上だけでなく、「接客」「販売」「業務」「顧客」の定義についても同様のことが言える。

全スタッフの解釈を揃えるから、店はまとまるのだ。

鬼100則 36

「介護しないのも介護」の意味

私の母は、数年前までブティックを経営していて、ずっと立ち仕事をしていた。足を悪くし手術をしてからはまったく歩けなくなり、以降ずっと自宅で車いす生活を送っている。私を含めた家族と、女性介護士が一緒に介護をしながら生活をしているのだが、先日、その介護士の方から助言を受けた。

「柴田さんはお優しいから何でも手伝ってあげようとされますが、できるだけ自分で起きたり自分で移動したり、自分でできることは手伝わないで、本人にさせてください。**何でもやってあげるのが介護だと思われがちですが、実際は、あえて手助けせず自分でやらせるのも介護です。**じゃないと、どんどん自分でできなくなっちゃいますからね！　介護しないのも実は、大切な介護なんです」

いやや、この介護士の言葉は私の心に突き刺さった。

特に「**介護しないのも介護**」の部分は、本当に核心をつかれた。たしかに私は、手伝ってあげるのが優しさで、それが介護だと思い込んでいた。

それ以来、改心した私は、最低限だけ手伝い、後は本人にさせるよう意図的に変えた。するように驚くことに、母がよちよちながら歩き始めたのだ。これには嬉しさと共にビックリした。やらせることの効果を身をもって感じたのだった。

これは、スタッフ育成も一緒だと思う。

世話好きでなんでも自分でやってしまう店長や、任せられなくて自分でやってしまう店長がいる。たしかにそんな店長は器用だし、責任感もあるし、そつなくて優秀だ。私はそんな店長を何十人も見てきた。

だが、そういう店長に共通していたのは、実はスタッフが育っていないことだ！

理由は明確。私が介護士に指摘されたのと同じことだ。**店長がやってくれるし、店長が助けてくれるから、本人がやらないし、やれないままなのだ。**

ここからぜひ学んでもらいたいことは1つ。やらせることの重要性だ。

もしあなたがスタッフが育たないと思っているならば、スタッフにちゃんとやらせているか？　任せているか？　やらせて評価をしているか？　ぜひとも見直してほしい。

結局は、やらせて評価をしなきゃ育たないのだ。

鬼100則 37

自主性という名の「ほったらかし」じゃ育つわけがない！

以前、とあるモールに入っている専門店のオーナー店長と、店舗運営の面談をさせてもらったことがある。その時の会話が以下だ。

私「え？　スタッフに注意したり、指導はしないのですか？」

店長「そうですね。僕、指導で『こうしろ！』って押し付けるより、本人が自分で考え自分で気づいて、自ら行動できるようになってほしいんで、言わないですね。それと、今の子って指導すると、すぐにやめちゃうじゃないですか！　だから自主性を重んじてるんです」

私「いやー、それじゃスタッフ育たんでしょ？　どうです？」

店長「いや、私は任せて育てていきたいので、大丈夫です」

そしてその面談の帰り道、私はその店舗を通路から覗いた。すると、先ほどのオーナー店長が、他のスタッフ2名とカウンターで笑いながら雑談している光景が見えた。私は正直「これで大丈夫か？」と苦笑いしつつ、その店長の主張を重んじて何も言わずに帰った。
その店長と話したのは、この1回きりだ。先日、そのモールの運営部長とお話しする機会があり聞いたのだが、この店はその後1年で撤退を余儀なくされたらしい。聞くとその店、ほとんどがほったらかしで、接客態度が悪評判となり、客数も売上も減り、運営できなくなったようだ。

ここ最近の店を見ていてすごく思うのが、この店のように自主性を重んじるといって「ほったらかし」な店が確実に多くなったということだ。

「相手に気づかせる環境」とか「自主性」と言えば耳障りはいいが、結局それは放任だ。何でもかんでもほったらかしで容認しているだけじゃ育つはずがない！

個性と自分勝手は違うし、自分らしさとわがままは違うし、尊重とほったらかしは違う。

何も言われない職場は、個性を活かす職場じゃない！　ここをはき違えたらダメだ。

人は、自分の主観性と、他人からの客観性を織り交ぜながら成長する。**スタッフを成長させるには、店長の客観的な指摘が絶対に必要だ。**そして、何も言われない職場がいいと言うスタッフは、たいてい戦力にはならないものだ。

育成とは、**自主性に客観性が加わり、成り立つもの。**そこを忘れてはいけない。

鬼100則 38

「聞いてません」という NGワードはこう対応せよ

よく店長から「最近の新入社員は、すぐに『わかりません』『聞いてません』『できません』と言うんですが、どう対応したらいいですか?」と聞かれる。

最近の新入社員は……と言われるものの、そんな新入社員は、私が店長だった時代もいたし、私が新入社員の頃にもたくさんいた(笑)。正直言っていつの時代も一定数は必ず存在する。

ただ私の新入社員時代は、「わかりません」「聞いてません」と店長に言うと「なぜ聞いてこない!」と怖い顔で言われ、「できません」と言うと、「やってみてから言え! それでもできないなら、なぜできないか自分で考えてみろ」と言われたものだった。

最近は、物わかりがいい店長が多く、「わかりません」「聞いてません」「できません」と言われたら「じゃあ、教えるからよく聞いて!」と言ってしまう場合が多いように思う。

別にこれがダメだと言っているわけではないので、誤解せずに聞いてほしい。

学生と先生の関係だったら丁寧に教えるやり方でいいと私は思う。むしろ当然だと思う。なぜなら学生は学費を払っているからだ。

だが、よく考えてみてほしい。仕事は、真逆なのだ。

いやらしい話で恐縮だが、会社側はお金を払っているわけだ。だから、「わからないなら、自分で調べる」ということを身につけさせないと、いつまでも「お金をもらって教えてもらうのが当たり前」ということになりかねない。

別にお金の話を強調したいわけではない。基本的な学生と社員の違いから言及したいのだ。ゆえに私は、すぐに手取り足取りで教えるというのもいかがなものかと思っている。

聞いてないから、自ら調べる。やれませんより、やれない理由から問題点を抽出する。

その心構えを教えてほしい。

そしてもっと大切なのは、「教えてもらって当たり前」という姿勢じゃなく感謝する気持ちをこの機会に教えてほしい。**接客業は特に、この感謝する姿勢が生命線だ。「教えてもらってない」と堂々と答える新人が多い時代だからこそ大切だと思う。**

仕事とは、学生と違い自ら動き調べ、やってみる。その上で、教えてもらうことに感謝する。そんな心構えをぜひ教えてみてほしい。

鬼100則 39

「キャラ変」よりも「キャラ育」だ

面接をすると「私、元々がネガティブな性格で、店員になって社交的で明るい自分に変わりたいんです」といった変身願望を持つ、おとなしい性格の求職者がよくいる。

私は20年間、のべ70店舗の社長をして何百人もの面接とスタッフ育成をしてきたが、実はキャラを激変させた人を見たことがない。

暗い人が店仕事をしたからといって、激変して明るい太陽のような性格になることはまずない！

じゃあ、暗い人は店員になっちゃいけないのか？　採用しちゃいけないのか？　ということだが、いや決してそんなことを言いたいわけではない。

私が行き着いた考えは、「別に劇的にキャラ変しなくてもいいんじゃないのか？　大切なのは、自分のキャラを知り、活かすことなんじゃないか」ということなのだ。

大切なのは「キャラ変」より「キャラ育」という考え方だ。

猿は、チーターのように地上を速く走ることは絶対にできない。でも、木の上を素早く移動することができる。これはチーターにはできないことだし、逆も同じことが言える。

あのイチローもこんなことを言っている。「大切なのは、自分の持っているものを活かすこと。自分の持っているものを活かすことができれば、可能性は広がる」と。批判されても振り子打法を変えなかった、イチローらしい言葉じゃないか。

要するに大切なのは、素材を変えるのではなく、素材を活かし進化させることだ。

おとなしい性格のままでいいのだ！ 天真爛漫なムードメーカーを目指す必要はない。**落ち着いていて話しやすい聴き上手なキャラに進化させたらいい。**

そして最後に言いたい！

もしスタッフがキャラ変したとして、そのキャラが板につくまでに、何年かかる？

店は性格が変わるのを待ってくれない。

だから、スタッフ育成は、変わるより活かす方が早い！

キャラ変より、キャラ育を目指すのだ。

鬼100則 40

部下が先。あなたは後

テレビのワイドショーを見ていると、司会者がまず「この事件は本当にけしからん事件ですよね」と自分の意見を言ってから、コメンテーターに「○○さん、この事件どう思いますか?」と、振る時がよくある。いつも思うのだが、コメンテーターは、最初に意見を述べてしまった司会者の後に、違った意見を言うのは結構勇気がいるのではないだろうか（笑）。

案の定、タレントコメンテーターだと、「そうですすよね!」と長いものには巻かれろと言わんばかりに、司会者の意見に同調する場合がほとんど。この聞き方じゃ、コメンテーターも持論を展開するのは大変だなと思うのは私だけだろうか。

これは店長とスタッフの関係にも言えないだろうか。店長が先に意見を言ってから「○○さんはどう思う?」とスタッフに聞いても、意見が違った場合、なかなか言いづらい。「お言葉を返すようですが……」なんてことは言いづらいし、何と言っても、考えるという最高の教育シーンを台無しにしている。

私の社長時代の敏腕マネージャーだった女性は、たくさんの優秀な店長を輩出してきた。彼女の口癖は、いきなり自分の意見は言わず、「○○さん、どう思う?」というものだった。

ある日、私は彼女にその真意を聞いたことがある。「いつも部下に意見を振るよね。あれはわざと?」と。すると予想通りの答えが返ってきた。

「そうなんです! **私が先に意見を言ったら、部下に自分で考えさせる場をうばってしまうじゃないですか。**部下の考えた意見だからこそ意味があると私は思うんです。だから、私の意見は、部下の考えの後に言います」

自主的に行動する部下になってほしいという割に、まず自分の意見を言ってから振る店長が多すぎるのではないか。それじゃ、自主性が育つわけがない。むしろ、店長の意見に巻かれるイエスマンを製造しているようなもんだ。

もう一度、会話を考えてほしい。**育てたいなら、部下の意見が先、あなたの意見が後。**それが、部下育成の会話術だ。

鬼100則 41

スタッフは、店のためには働かない

スタッフのモチベーションアップについては各店長がいろいろ工夫を講じていることと思うが、最近は、特に次のようなものが増えた。

「最近、売上が落ちています。このままだと最悪、店がなくなるかもしれません。だから、今月は頑張って売上を作り、予算達成しましょう！」といった具合に、売上がないと店がなくなるとか、会社が大変なんだなどと伝えるのだ。

だけど、これを聞いて「よし！　店（会社）のため、頑張るぞー！」と、モチベーションに直結するお店ラブなスタッフがどれくらいいるだろうか？

いや少なくとも、私がバイトやパートだったなら、「店の存続のため？　そもそも自分さえこの店にずーっといるかわからないしな」と、なりそうな気がするのだが……（汗）。

店がなくならないために売上を作る、会社の存続のために売上を作る。これは、あくまで店長を含めた管理職や、愛社心の強い社員の理屈だ。**はっきり言うと、スタッフは店がなくなるようなら転職すればいいだけの話だ**（それを言っちゃ元も子もないが、現実はきっとそう）。

実際は、「売上がない↓店がなくなる↓だから、頑張る！」とは、なかなかならない。こういう愛社心みたいなものは、強制するものじゃなくて、自発的に湧き出るものだからだ。

きっと、買う人がたくさんいた時代は、会社のための売上作りでよかった。だが、売る気を出せば出すほどお客様が遠ざかる「今」においては、会社のための売上作りというのは、ムリが生じている。

では、どうするのか？　やはり「店のために売る」より「**お客様のために売る**」の方が、店仕事のモチベーションというのは腹に落ちる。スタッフのモチベーションというのは、スタッフ自身とお客様の関係から生まれてくるものが多いし、お客様に喜んでもらい、それを上司から褒められる、これにまさるモチベーションはないだろう。

「会社があっての店員、店があっての店員」という考えは間違いではないが、店のために売ろうとすればするほど、お客様は逃げていくということは、絶対に忘れてはいけない。

ゆえに、**店のための売上作りより、お客様のための売上作り**であるべきだ。

鬼100則 42

やんちゃスタッフをどう育成するか？

「元ヤンキーみたいなやんちゃなスタッフが入ってきたんですが、どう接したらいいでしょうか？」

先日、駆け込み寺にでもやってきたかのように、店長セミナーの後に相談に来たアパレル店長がいた。

私も長く店長の相談にのっているが、このやんちゃなスタッフの扱い方に関して、大なり小なり手を焼いている店長は実は多い。具体的には、こんなスタッフだ。

・注意すると不機嫌になる　・気性が荒い　・わがまま
・感情がコントロールできない　・プライドが高い

たぶん思い当たるスタッフは必ずいると思う。ちなみに私の社長時代、42店舗のうち10店舗はギャル御用達のマルキューブランドだったので、それこそマルキューギャル独特のやんちゃなスタッフはたくさん見て教育してきた。

率直に言うと、カッとしたりする性分は、なかなか変わらない。それこそ店は、性格改善の場ではないので、性分や性格を変える場ではないことを前提に話を進めたい。

まず、**前置きして指導すること**が重要だ。いきなり指導すると、「ダメ出しされた」とか、「怒られた」しか相手に残らない。だから、「あなたにダメ出ししているわけではなく、あなたの成長を思って言うのでちゃんと聞いてほしい」というメッセージを出してから指導する。たったこれだけでまったく違うはずだ。なぜか？　やんちゃスタッフは注意された内容より、注意されたことに腹をたてるからだ。

そして、もう1つ。**理解する姿勢を忘れないこと**。わがままな態度を容認しろということではない。相手の理解者でないと育成が始まらないからだ。

たくさんのやんちゃスタッフを育成して気づいたのだが、彼ら、彼女らは、自分の理解者には心を開き、指導を受け入れる。自己承認欲求が非常に高いのだ。

具体的には、「○○さんの言うことはよくわかる。それは理解しているつもりだ。ただ……」といった**理解者としての立場を示しながら、指導を並行するやり方が効果的だ。**

最悪なのは、腫物に触るような距離感ある対応や、逆に相手を否定する対応だ。育成とは、相手にシャッターを閉めさせたら何も始まらないということを頭に入れておいてほしい。

鬼100則 43

指導はつねに「お客様の立場」から

ＯＪＴ（ON THE JOB TRAINING）と言われる現場指導においては、その指導の言い方や指示の出し方次第で、スタッフの受け止め方が変わり、ゆくゆくは成長度合いが変わる。「現場指導では言い方がすべて！」と言っても過言ではないのだ。

もちろん、おだてろとか、やさしく注意しろと言いたいわけではない。**「ちゃんと相手が納得いく言い方になっているか？」が決め手である。**要はダメ出しじゃなく、ちゃんと「なぜダメなのか？」が説明が付かないと失敗だということだ。

そこで、私の店長時代、店員４名で１億以上の売上をたたき出す繁盛店を作った際に実際にやっていたＯＪＴの言い方を紹介したい。

私自身、「やりなさい」と言われる指示が好きではない。所詮「やりなさい」と言われたことは単なる命令にすぎないと思うからだ。

効果的に指示を出すには、「気づかせる」という視点が必要になってくる。

そこで、私は**「お客様はどう思うか？」をつねにスタッフ自身に問う**指導法を思いついた。店においての絶対的な指針は「お客様のため」だ。だから、それに反した場合、店長はスタッフを注意しないといけない。だから、指導の根本には「お客様から見たらどう見えたのか？」という論点を必ず入れないといけない！　と思ったのだ。

具体的にはこうである。例えば、セールの時、レジにお客様が列になっているのに、知らんぷりして作業しているスタッフに注意するとしよう。たいての店長は「○○さん！　お客様がレジで並んでるのにだめじゃないか。ちゃんとレジに入って！」といったように指導すると思うが、これをこう変える。

「早くしてほしいと思ってるお客様が、知らんぷりして作業してる○○さんを見たらどう思う？」と聞き、答えさせてから指導に入る。

まずはお客様の立場で伝える、これが大切だ！　まず考えさせ、間違いに気づかせ、それから指示を出すのだ。ここが抜けると、指導が命令になってしまう。

この指導のいいところは、お客様のために指導しているという理由付けが明確になること、そして、お客様の立場で考える習慣づけができることだ。**指導はつねにお客様の代弁でなくちゃいけない**、これが大切なのである。

鬼100則 44

叱れなくてもいい。その分、褒めろ！

「私、なかなかスタッフを叱れないのですが、どうしたら叱れますか？」

このような質問をよくもらう。

この質問を聞くたびに、叱れない店長が多いことを感じると同時に、叱らないといけないと思って叱っても、どうせろくな結果にはならないよなぁと私は思うのだ。

そして、そんな店長にはこうアドバイスすることにしている。

「店長！　じゃ、叱らなくてもいいんじゃない？　その代わりしっかりと褒めてあげなよ」と。たいていは「えっ？」という顔をされるが（笑）。

叱れない店長というのは、たいてい褒めていない場合が多い。

ここでは、褒めるということの効果をもう一度考えてみてほしい。

一般的に褒める効果は、長所を伸ばすことと思われがちだが、実際はそれだけじゃない。

褒めることには、裏のメッセージが込められる。

褒めること自体が、否定を同時に意味することだからだ。

「頑張った！　よくやった」には、相手を労う「また頑張れ！」という表のメッセージと同時に、「頑張らないのはダメだよ」という裏のメッセージが含まれる。

「予算達成おめでとう。さすがだね！」には、よくやったという労いと同時に、「予算未達成をしないようこれからも頼むぞ！」という裏メッセージが潜む。

要するに、**褒めることで、してほしくないメッセージも（行動抑止メッセージとして）同時に伝えているのだ。**だから、叱れない店長は、ちゃんと褒めてあげたらいい！

一番最悪なのは、メッセージを出さない、叱れないし褒められない無関心店長だ。

そもそも、店長はスタッフを叱らないといけないとだれが決めた？

コンプライアンスが重視される昨今、叱るということに対して敏感な時代だし、叱られるのに慣れていない若いスタッフも多い。褒めてばかりで育つとも言わないが、少なくとも、褒めることにより、叱るのと同意義の行動抑止メッセージを発信できることは覚えてほしい。

褒めるとは、同時に否定することなのだ。

鬼100則 45

新人は、臨界期に教えろ

「臨界期」という言葉を聞いたことはあるだろうか？

ちょっと残酷な話になるが、こんな実験があるそうだ。生まれたばかりの子猫に3か月間目隠しをすると、一生目が見えない。同じように3か月耳栓をすると、一生耳が聞こえないという。

これは何を意味するかというと、視覚や聴覚という機能を正常に身につけるべき「大切な時期」に覚えられないと（教わらないと）、一生その能力は開発されないということだ。

そして、この大切な時期を「臨界期」という。

私は、最初に就職した呉服チェーンのリーダー研修で、このことを学んだ。

なぜ冒頭からこんな話をしたかというと、これは新人育成も一緒だからだ。

臨界期、すなわち、**最初に学ぶべき時期に何を教えるか、もしくは何も教えないかで、**

その後の成長がまるで違ってくる。

この臨界期育成をリーダー研修で学んだ時は、まったくピンときていなかったのだが、その後、社長として何千人という新人と接してきて、臨界期の指導がいかに大切かを実感した。

例えば、新人の臨界期に「とにかく売ればいい！」と売上主義から教えられたスタッフと、「まずお客様満足を考えろ！」と顧客主義から教えられたスタッフでは、まったく違う売上の作り方を考えていく傾向にあった。**最初に売上主義を教えられたスタッフは、その後お客様へのサービスを教えても、どこかピンときていないことが多かった。**

これには調査データがなく、私の主観的なものとなることはご容赦いただきたいのだが、臨界期と関係性がないとは言い切れない。

臨界期、すなわち、新人の最初に何を教えるかはとても大切だ。

もちろん、お客様に喜んでいただくことこそが、我々のミッションであることを教えてほしい。売上を、売り手側から考えるか？　買い手側から考えるのか？　それだけで、その後の成長は大きく違うものになる。

入社から3か月に何を教えるかで、その後が決まる臨界期。正しく教えてあげてほしい。

鬼100則 46

数字に意味を持たせろ

スタッフ育成で欠かせないのが数字意識だ。どれだけ接客や商品が好きでも、数字からは逃げられない。ただ、私の経験で言うと、数字が苦手なスタッフの方が多かった（苦笑）。

大切なのは、**数字単体では意味を持たないので、この数字に意味を持たせて意識付けしていくことだ**。では、どう意味を持たせるのか？　3つの意味づけを紹介しよう。

①比較して意味を持たせる：例えば、「Aさんの売上は8万だった」。この時点では数字に意味はない。Aさんの目標が10万だった場合、この売上は「目標に足りなくて残念な数字」ということになる。「Aさんの売上は8万。Bさんは6万。Cさんは5万」としたらどうだろう？　目標には達してないが、一番高い売上だったことになる。これも、数字に意味をつけたということだ。要するに数字というのは、比較などによって、意味を持って初めて理解される。

②形にして意味を持たせる：Aさんは8万円の売上だった。では、8万はどうやって作ら

れたのか？　1点8万円の商品が売れた8万円だったとしたら、もう1点商品が売れたなら、目標の10万はクリアできたことになる。数字を形に置き換えてみると、数字が意味するものが見えてくる。

③評価して意味を持たせる：「Aさんは8万の売上だった。10万の目標にあと一歩届かなかった」。これに評価を与えて意味を持たせてみよう。ちょっと足りなかったから、こう言ってあげればいいのだ。「Aさん、惜しかったね！　2万足りなかったから次回頑張ろうか！」と。もちろん、目標を達成していたなら「よくやったね！」と称賛してあげる。数字と評価を紐づけした言動で、数字に意味と関心を持たせるのだ。

最後に、日常会話の中で数字を意識させる方法を紹介しよう。

私は専門店社長だった頃、臨店の際は必ずスタッフをつかまえて「**昨日の数字いくらだった？**」と聞いていた。私は当然知っているのだが、あえて聞く。なぜか？　人は聞くと意識し始めるからだ。**ちゃんと答えられたら褒め、答えられなかったら「じゃ、すぐに調べてきて！」と調べに行かせる。**これを繰り返すと、ほとんどのスタッフは、自発的に数字を意識するようになる。数字意識は、こうした日常の積み重ねで習慣化されていくのだ。

鬼100則 47

相手を変えるスムーズ指導法は、これだ！

私がアパレル専門店の社長をしていた時、従業員のほとんどが女性だった。そのため、感受性の強い彼女たちへ、パワハラやらセクハラと思われぬように、ダメ出しや否定にならない指導をするにはどうしたらいいか？　ここにすごく悩んでいた。

そんな折、私は当時幼稚園に通っていた三女のお迎えにいった。そこで幼稚園の先生が、着替えの遅い男の子に向かって、「〇〇君が早くお着替えしてる姿、先生見たいなー。着替えした〇〇君、かっこいいぞー」と言って着替えをせかしている姿をみて、ピンと来た！

普通は「早く着替えなさい！」と命令したり、「なんで着替えないの！」と否定したりするが、幼稚園の先生は違ったのだ。「着替えた姿を見たいなー」と肯定的に指導していた。男の子が、笑いながら急いで着替えている姿を見た瞬間、「これだ！」とひらめいた。

早速私は、翌日から、女性スタッフに対しての指導法を、この方法（肯定的指導）に変えた。

具体的には、化粧のちょっと濃いスタッフには「化粧が濃いから薄くした方がいいよ」ではなく、「◯◯さん、今の化粧も素敵だけど、もう少しナチュラルにした方が、顧客は絶対に増えるぞ！　うちの洋服との相性がよくなるし、◯◯さんのよさももっと引き出せると思うよ」と伝えて、**「〇〇したら、もっとよくなる！」**という言い方に変えたのだ。すると、効果はてきめんだった。「えー！　そうですかぁ？」と言いつつ、次の週から化粧は薄くなっていた（笑）。

それ以来私は、肯定的な言い方での指導に修正し、男女問わずたくさんのスタッフを育ててきた。しかも、否定やダメ出しなしの、自分の印象無傷でだ（笑）。

そもそも、**指導とは今の相手を否定することじゃなく、今以上によくするためのアドバイスなわけだ。**相手をもっとよくしてあげたいという思いやりからくるものである。だとしたら、別に否定しなくていいし、ダメ出しをしなくてもいい。素直に「こうしたら、もっともっとよくなるよ！」ということを肯定的に伝えてあげたらいい。

指導こそ、究極の思いやりだ。それこそ、相手を否定して店長が嫌われたら、本末転倒だよ。

鬼100則 48

店長不在日でも売上が上がるわけ

私の元部下で、今も現役の百貨店アパレル店長を務める小原という女性店長がいる。私の社長時代は42店舗中トップの坪単価の店を10年続け、今も百貨店フロアでトップクラスの坪効率店を作っている、トップマネジメント店長だ。

彼女の特にすごいところは、店長不在日の売上が異常に高いことだ。スタッフが育っている証拠なのだが、ある時、小原店長に「店長不在日の売上がすごく高いけど心がけていることはあるの?」と聞いたことがある。するとこう返ってきた。

「秘訣ですか? 簡単なことですよ。『○○さんは、どう思う?』と必ず聞く。私が答えを持っていることでも、一旦聞くんです。この方法のいいところは、もちろん自分自身に考えさせるという効果ですが、それ以上に『どう思う?』と尋ねることで、そのスタッフの現時点レベルがわかり、アドバイスしやすくなりますね。これは大きいです」

そう聞いて彼女の店を見ると、たしかに口癖は「○○さんはどう思う？」だし、最終的に店長が判断を下すことになろうとも、一旦スタッフに質問を振っている。しかも、**スタッフが考えた答えに関しては、絶対に否定しない。**これは非常に大切だ。**考えが否定された人は、次回から考えるのをやめ、指示待ちするようになるからだ。**

そして、スタッフの考えを聞いた上で、その考え方ややり方に修正をかけるので、理解しやすい。後々指導されてもピンとこない場合がほとんどだからだ。

そして何といっても素晴らしいのが、**店長の考えを優先させた場合、その理由を『お客様のため（顧客第一主義）』に基づいた結論を出した」と説明している**ことだ。これによって、店の判断すべてが、「お客様のため」を第一優先に考えたものであることを教えられる。このやり方だと応用が利く。結論だけの指示だと応用できない。

彼女は簡単そうに話すけど、聞けば聞くほど理にかなっている。

最後に彼女はこうつぶやき笑った。「スタッフが育つと、私は仕事忘れて休めますからね！」と。本当にその通りだ！

鬼100則 49

伝えたいなら、まずスタッフの理解者であれ

ビジネス書を読んだり店長セミナーに通ったり、スタッフへの伝え方を学んでも、なぜか相手に伝わらない……。そう悩む店長にアドバイスしたいのだが、その場合、あなたがスタッフに受け入れられてない可能性が高いんじゃないだろうか？

もっと言えば、伝え方が効果を発揮するだけの土台ができていないのじゃないか？　**どう伝えようとしても、あなたが相手に受け入れられていなければ、何を言ってもざるに水だ。**

私が新入社員の頃の話をしたい。全国に店舗がある呉服チェーンに勤めていたので、ある日転勤を言い渡された。新しい店舗は、ものすごく怖い店長がいることで有名だった。正直、覚悟を決めて新天地に乗り込んだが、意外なほど、理解があって優しい店長だった。赴任から3か月は大変親身になってくれたし、よく飲み会にも誘っていただいた。

すっかり怖い店長という噂も忘れ慕い始めてた頃、私はお客様に対して苦情を起こしてしまった。その時、「柴田！　お前のために言わせてもらうけどな……」と、きつく叱ら

れたのだ。それこそ、これまでが嘘のようにだ。だが、実は不思議と言われてることが腑に落ちたのだ。なぜなら、間違いなく私のためを思って叱っていることがわかったからだ。

後日、食事の時、その店長からこう言われたことが私の頭にずっと残っている。

「柴田、私は最初から叱ることはない。最初から叱っても相手の心には伝わらないだろ。伝えようと思えば、**まず大切なのは、人と人の信頼のベースを作ることだ。**まずは相手を理解しようと心がけ、部下との信頼を築くことが上司の最初の仕事だと思う」

私は目から鱗だったのを覚えている。たしかに、自分のことを理解していない人から叱られても「俺の何がわかるんだ！」となることもあるし、叱られた理由より、叱られた事実だけが残るだろう。

もちろん叱るということ以外にも、**スタッフに何かを伝えようとするならば、「まず理解者であれ！」**ということだ。

上司の想いが部下に伝わらないことだけでなく、親の想いが子供に伝わらないのも、これで説明がつく。親も店長も、相手を理解せずに叱るから伝わらない。

最後に、先日テレビで見たのだが、理想の上司一位は「自分のことを理解してくれようとする上司」だったことを付しておく。

鬼100則 50

年上スタッフは引っ張らなくていい。力を借りまくれ！

「年上の部下・スタッフとどう接していいかわからないのですが、どうしたらいいでしょうか」

店長向けセミナーをした後、こういった質問を本当によくもらう。

仕事に年齢は関係ないとはいうものの、実際はそうもいかないのが現実だと思う。たとえこちらが気にしなくても、年上の部下の方が気にして、仮にも「年下のくせに偉そうに」なんて思われ対立したら、たまったもんじゃない。

私には、そんな質問を受けた時、必ず引き合い事例に出す店長がいる。私の社長時代、当時の42店舗、42人の店長の中でも一番若かったN店長だ。店長に抜擢したのが彼女が20歳の時。当然店の中でも一番若かったが、抜擢した理由は、はっきりと物事を言う割に嫌われない性格で、典型的な末っ子タイプだったからだ。店の最年少を店長にする不安は、なかったわけではないが、彼女の素直で元気で物怖じしない性格にかけてみた。

結果から言うと、抜擢は大正解だった。就任当時8千万だった売上は、店が一丸となって就任1年で1億を突破したのだ。そんなN店長に私は、店長会の際、最年少で店をまとめ、売上を2千万アップさせた秘訣を発表させた。その時の言葉が以下である。

「私は、年上のスタッフを、店長として使うとか、動かそうなんて考えたことは一度もありません。むしろ、知恵を貸してもらい、**『私が年上スタッフのみなさんを必要としている』と感じてもらう**ようにしています。ただ、店長として決断すべきことは、必ず私にご一任してもらうようお願いしました」。そして、彼女はこう続けた。「最初は、店長として仕切ろうと強がっていましたがすごく気疲れしてしまい、ある時から年上のみなさんをどんどん頼っていこうと考えを切り替えたら、売上が上がり始めたんです」と。

このN店長からは、年上スタッフの力を引きだす3つの方法を学んだ。

●店として、年上スタッフに役割と責任を与え、必要とし頼りにする

●年上スタッフと対立するのではなく、協力者として参画させる

●重要な決定事項などの店長としての責任は譲らない

これらは、「店長ひとりでは店仕事はできない」という店のマネジメントの基本中の基本にあたるものである。

鬼100則 51

スタッフが動いてくれない本当の理由

店長向けの講演をさせていただくと、こういう質問をよくもらう。

「部下、スタッフが私の言うことを聞いてくれないのです。どうしたらいいでしょうか？私はなめられてるのでしょうか？」

私は、必ずこう返すようにしている。「なぜ、スタッフはあなたの思い通りに動いてくれないかというと、あなたが『スタッフとは言うことを聞くものだ』と思っているからですよ」と。たいていはきょとんとした顔をされる。

「スタッフは思い通りになる！」というおごった考えがあると、思い通りに動かそうとしても、余計に動いてもらえない。童話「北風と太陽」の北風のようなマネジメントになるのだ。

今でこそこんな偉そうなことを言ってはいるが、実は私も駆け出し店長の時、「スタッフは思い通りになるものだ！」と思っていた。当然、思い通りに動くことはなく、かなり悩んだ。その時、先輩店長からもらった次のアドバイスが、その時の私を救った！

「柴田は、スタッフを思い通りに動かそうと思うから悩むし、そう動いて当たり前だと思ってる。それじゃ、もっと動かないよ！　**スタッフを動かしたいなら、まず、思い通りに動かないものだと考える。**そして、思い通りに動かないものだからこそ、思い通りに動いたら感謝するんだ。**感謝なくして、動いてくれないよ**」

私は意味することがよくわからなかったが、尊敬する先輩だったので、そのあと言われた通りのことをやってみた。**ノートを1冊買って、「スタッフ感謝ノート」と書き、仕事の終わりに今日のスタッフへの感謝という項目を必ず毎日書く。**それを毎日繰り返す。

すると、何が起こったか？　スタッフへの腹立たしさが、すーっと消えていったのだ。毎日それを読むと、自然とスタッフへの感謝が芽生え、いつの間にか「ありがとうな！」と言う癖がついていた。それからだ、スタッフたちが私の言うことを素直に聞き入れてくれ、快活に動いてくれるようになったのは。

きっと、スタッフは動いて当然と思い込み、スタッフに不満をもち感謝しないでいたならば、間違いなくもっとスタッフと乖離した仲になっていたはずだ。私の経験からも言いたい。スタッフは感謝するからついてくる、と。

鬼100則 52

優秀なスタッフほど扱いづらい

正直に書きたいと思う。私の経験上、優秀なスタッフほど扱いづらい。

そして、優秀なスタッフほど、無能なのに店長面する店長とは衝突する。

もちろん、優秀なスタッフという定義は様々だ。もしあなたが、店長の言うことを何でもイエスと聞いてくれるイエスマンのようなスタッフを優秀と思うならば、この項目は飛ばしてもらって結構だ。私は、そのようなスタッフを優秀と言うつもりはない。

ここでいう優秀なスタッフとは、その仕事の本質的な目的を第一義として考えられる、筋の通った考え方の持ち主をさしている。店仕事で言うならば、**「お客様のために店はある」という店仕事の本質をとらえているスタッフ**ということになるであろう。

そんなスタッフの前で、もしあなたの指示や言動がその本質から逸脱したものだったり、明らかにホスピタリティを感じない売上主義だったりした場合、どうなる？

そのスタッフはきっとあなたに不信感を抱き、時に「納得がいかない」という不満な態度をとってくることは容易に想像がつく。

さて、その時あなたはどうする？

そのスタッフを煙たがり、自分の言うことを素直に聞くスタッフを重宝がり、だんだんそのスタッフと距離を置き、そのスタッフのいづらい店を作り、追い出すようになるか？

それとも、素直にそのスタッフと話し合い、互いの論点の相違が解決するまで向き合うか？　そして、自分の非を認めた上、なおかつそのスタッフを評価する度量はあるか？

私の見てきたたいていのパターンは前者だ。そして、その店長はたいていこう言った。

「だって、こちらの指示に対して必ずたてついてきて、仕事が進まないんです」

まぁその店長にしたら、気に入らないし、面白くないし、痛いところを衝かれれば衝かれるほど、邪魔者にしたくなるだろう。

そしてその店の結末はこうだ。**店は弱体化していき、その躍動感を失い、店長に何も言えないスタッフと、自分を省みない店長のチームとなっていく。**これがほとんどのケースだ。

もちろん、本当に生意気で、反発ばかりするスタッフもそりゃいるだろう。でも、あなたを正してくるスタッフに対しては、もう一度接し方を考えてみてほしい。

そのスタッフは、あなたの店を救う救世主かもしれない。

「ほんとはいいヤツ」という曲者

先日、支援先の店でこんなことがあった。

スタッフの接客が、あまりに無愛想すぎて苦情になりそうなレベルだったので、本人にもちろん指導した上で、店長にもそのスタッフの接客改善を次のように強く訴えたのだ。

私「○○くんの接客だけど、無愛想で、気が利かないから、そのうち、苦情になりますよ」

すると、店長の口から出てきたのが、この項目のタイトルだ。

店長「あいつ、接客は感じ悪いんですが、ほんとはいいヤツなんですよ」

私は、すぐさまこう返した。

私「わかります。ですが、大切なのは、お客様や社外の人から見てどう映るかですよ」

厳しいかもしれないが、私は昔から店仕事における**「ほんとは、あいついいヤツなんです」「あいつも頑張ってるんですよね」といった擁護する言葉（視点）が好きじゃない。**

「ほんとはいいヤツ」とか「あいつも頑張っているから」という視点で言えば、世の中のたいていの人はいいヤツだし（笑）、たいていのスタッフはそのスタッフなりに頑張っている。それを、そのスタッフの評価にしてしまったら、伸びしろが見えなくなる。

私の経験上、店長がその言葉でスタッフを擁護し始めると、店の空気がぬるく馴れ合いになっている店舗が多かった。

店仕事というのは、「ほんとはいいヤツ」じゃダメな仕事だ。

誤解を恐れず言えば、**何度も会って、ようやくわかる「いいヤツ」なんて接客業では求められていない。**接客で求められるのは、「最初からいいヤツ」だ。最初が悪いと、どれだけ「ほんとはいいヤツ」でも、次の接客機会をもらえない。

そして、「頑張っている」という評価も同じ。頑張っていて、成果が出ないなら、それこそそのスタッフにとっては悲劇以外の何ものでもないし、頑張っているのに成果が見えないなら、店長、あなたの育成が足りてないことにならないか？

店長の仕事とは、ほんとはいいヤツをお客様から見たいいヤツにすることだし、頑張っているスタッフなら、頑張っているからこそ成果を出させることだ。店が「いいヤツだから……」という思考に慣れた時、成長は滞る。「ほんとはいいヤツ」という曲者に誤魔化されてはダメだ。

鬼100則 54

「脱マニュアル対応」はこうしろ！

「うちの店員にはマニュアルを使った接客をさせているのですが、どうも業務的で人間味のない接客になっています。心のこもった脱マニュアル接客を浸透させたいんですが、何から始めればいいでしょうか？」

先日、支援先のショッピングモールでの店長研修の際、和洋菓子店の店長からこのような質問をもらった。これと似た悩みを持つ店長も、少なからずいるだろう。

脱マニュアル接客は、実はとても簡単だ。

マニュアル言葉とマニュアル言葉の行間に、一言感想を挟む。たったこれだけでいい。

例えば、この和洋菓子店の場合なら、「こちらのきんつばは、当店の和菓子の中でも一番の人気商品になります。いかがでしょうか？」というマニュアル言葉に次のような一言を入れるのだ。

「こちらのきんつばは、当店の和菓子の中でも一番の人気商品になります。**甘すぎず、**

豆の味があって、私も大好きなんです。いかがでしょうか？」

こんな感じでいい。これだけで、マニュアル接客に人柄が加わり、グッと一味違う印象の接客になる。

脱マニュアル接客と聞いて間違えてほしくないのは、マニュアルを否定するんじゃないということだ。むしろ、マニュアルに人柄を加えて、マニュアルを活かす考えだと思ってほしい。まったく店員の人柄が見えないマニュアル接客なんて、いつＡＩロボットに取って代わられてもおかしくない。だからこそ、なぜ人がやるのかを追求してほしい。人が対応する最大の理由は、絶対に人柄が含まれているだろう。

そしてあなたが、もし自店の対応が業務的過ぎると思っているならば、ぜひ、マニュアル接客の行間に一言だけオリジナルトークを入れるという店対応を取り入れてみてほしい。

私の支援先のカフェは、これだけでカフェのケーキが2倍の売上になった。それだけ、接客に感想が入るという効果は大きい。

行間の言葉は、感想でも、挨拶でも、雑談でもいい。その思いある一言こそ、あなたの店の印象を間違いなく変えるはずだ。

真似させろ！みんなそうして学んだ

「ちゃんと教えているのに人が育たない」という悩みを、店長からよく相談される。現場の指導環境を見に行くと、たしかに、店長は書類を使ったり、研修ツールを使ったり、ミーティングを通じて教育はしている。だが、店に入ってよくよく状況を見ると、たいていの場合、もっとも大切なものが抜けている。

それは、何か？ **目で見えるサンプル、すなわち「真似る対象」**だ。

このサンプルがないと、「こうしろ！ ああしろ！」とどんなに口を酸っぱくして指導をしても、具体的なイメージがスタッフの頭に浮かばない。イメージできないものを、人は表現できないのだ。特に、店仕事は時間が限られている。3年かけ育てようという長期的な指導ではなく、現場の即戦力を養う指導が必要だ。

それなのに、書面だけでダラダラ指導をやっていちゃ効率が悪い。だから店の指導は、サンプルを見せ真似させることが、一番即効性があり確実な方法となる。

誤解してほしくないのは、私は何も店長にサンプルになれと言っているわけではない。もちろん、店長がやってみせ、真似させるだけのスキルがあればいいが、現実問題として、そんな店長は10人いれば1人ぐらいじゃなかろうか。むしろ、私はそれをすすめない。私の経験から話そう。私がレディスの店長だった時、当然、女性スタッフばかりだったので、私がサンプルになるはずがないわけだ（笑）。

ではどうしたか？　私は、素晴らしい店員を見つけたら、「◇△という店の◯◯さんというスタッフがいるんだけど、あのスタッフの接客受けてきて！　すごくいいよ」といった具合に、私の**理想とする接客があれば他店にどんどん見に行かせた。**

今だったら、YouTubeもあるじゃないか。どんどん動くサンプルを見せて頭にイメージを湧かせるのだ。成長の第一歩は間違いなく真似ることだ。どんどん真似させればいい。耳で聞くより、活字を見るより、圧倒的に動くサンプルを見て真似た方が早い。

そして、私の知りうる限り、**素晴らしい店スタッフというのはみんな真似た元ネタがあり、それをアレンジしてオリジナルにしている。**どっちにしろ元ネタがないと始まらない。

店長よ、もしあなたのスタッフが教育しても成長しないと悩むなら、ぜひ、真似させるサンプルを探しなさい。それと並行して教育するのだ。それが一番確実で早い。

鬼100則 56

ノウハウより接し方を教えよ

「スタッフに売るノウハウを教えても成果が出ないんです」という店長の教育相談を受ける時がある。特に、商品の差別化がない物販チェーン店の店長からが多い。

店の売上やスタッフの販売接客に限らず、何事もそうなのだが、ノウハウだけじゃ絶対に成果は出ない。

なぜか？ **ノウハウは、使う人次第だからだ。**

例えば、感じの悪い店員が、販売セミナーで講師から「私はこれで成果がでました」という販売ノウハウを学び、それを真似て実際に店で販売したとしても、成果にはならない。

よく考えてもみてほしい。もともと好感度の高い人が駆使したからこそ成果が出て、「成果が出るノウハウ」として紹介されているだけである。ノウハウありきで成果が出たわけではない。

ここが、この話の論点だ。

人は、ノウハウを真似れば単純に同じ結果になると思いがちだが、実際にはそうならない。シビアな言い方になるけれど、そもそもノウハウとは、相手の信頼を得てからの話なのだ。信頼されていない人がノウハウを使っても、成果になるはずがない。店の売上も同じだ。

だから、**まず、信頼を得る対応ができなきゃ何も始まらない。**

とどのつまり成果＝売上とするなら、**人は信頼しなきゃお金は絶対に出さない。**これがお金の本質で、売上がほしいなら、ノウハウより先に信頼を得る人の立ちふるまいを教えなきゃダメだ。

何を言いたいか？　もしあなたが、**店スタッフの販売力を上げたいと考えるなら、販売ノウハウを教え込むより、スタッフが人として信頼される立ちふるまいをとにかく徹底しなさい。**

売るノウハウというのは、お客様からの信頼を得られる接し方ができてこそ、活きてくるものだ。まずは、接遇に徹するようにさせよ。素晴らしい販売トークや素晴らしい商品も、信頼の上にこそ活きるのだ。

最後に、これは何も人だけではなく「店の信頼」も同様である。

スタッフからも教えてもらえばいいじゃないか

多くの店長と話をしていると、「店長だから、知っているふりをしないといけない」とか「店長だから、隙を見せてはいけない」といった、何でも知っていなくてはいけないという妄想にとらわれている店長がいかに多いかわかる。

正直に書くと、「どれだけ偉い人を演ずる気なんだ?」と本気で思う。本書でもたびたび伝えているが、店長なんて、資格がいるわけでもない。すごい専門知識がいるわけでもない。ただ、「店長」という台本を与えられただけなのだ。

そんなに気負ってどうする! **強がって、知ったかぶりする必要なんてまったくない。**そうした見栄は、ほとんどの部下やスタッフに見破られ、陰口のネタになっているのがオチだ。

ましてや、今は情報価値の風化が早い! 昔の知識や成功体験はすぐ使えなくなる。ゆえに、アップデートしないとすぐに浦島太郎状態になる。知ったかぶりしている暇などないのだ。

私自身、周りから教えてもらうことが多い。私は、店仕事を始めて35年で、店仕事の書籍は7冊出版し、セミナーや講演は何千とやらせてもらっているし、専門学校や大学で非常勤講師も務めた。

だから、「柴田先生は何でも知っているんだ」と思われがちだが、そんなことはまったくない。まだまだわからないことがあるし、わからないことがあると恥ずかしくもなくいろんな人に聞いている。先日も、社長時代の元部下から「ちょっとわからないんだけど教えてくれる？」と教えてもらったばかりだ。

店長は、スタッフに店仕事を教える講師でも教師でもない。あなたの考え＝店の頭脳でもない。

みんなで知恵をしぼり、考えを出し合って、店を作り上げるリーダーこそ、「店長」だ。何をかっこつけて、知ったかぶりしているんだ。**わからないことがあったら、部下やスタッフから教えてもらえばいいんだよ。**

大切なのは、周りからの学びを取り入れ結論づけていくこと。それが、店仕事で成功している店長の共通点だ。変な見栄は捨て、周りの力を借りればいい。

第 5 章

Staff retention

~ スタッフ定着の鬼 ~

社員がやめる理由は人を活かす仕組みができてないからだ。

ピーター・ドラッカー

スターバックスの社員は仕事に誇りを持ってるから簡単に辞職しないのだ。

ハワード・シュルツ

鬼100則 58

あなたの3つの対人習慣が不満を生む

私の経験上、スタッフが抱く店長への不満は、日常の些細なことが積み重なって、大きな不満へと発展していく。ここでは、その些細な不満でもっとも多い不満を3つ紹介したい。店長はぜひ、これらの不満がたまらないようセルフチェックをしてほしい。

①決定した結果だけを伝える「説明不足」への不満

店長がスタッフに決定事項だけを伝えて、その決定にいたったプロセスの補足や考えが説明されておらず、不満となるパターンだ。実はこれが一番多い。

例えば、マンネリを打破したいから、これまで陳列担当だったAさんと、店内美化担当だったBさんの担当を変えたいと思ったとしよう。これを「マンネリ打破のため」という説明をせず、結果だけ朝礼で言ったらどうなる？　Aさんが、「店長は私の陳列が不満だから交代させたんだ」と誤解する可能性は極めて高い。でも、この不満が店長まであがることはほぼないのだ。決定事項は、そのプロセスを補足して初めて相互理解が生まれる。

②スタッフそれぞれに調子がいい「二枚舌」不満

それぞれのスタッフに調子のいいことを言って、矛盾を生じさせ、不満を生み、最終的に店長への信頼がなくなるというパターンだ。

例えば、CさんとDさんのトラブルを仲介する際、CさんにはDさんをちょっと悪く言い、DさんにはCさんをちょっと悪く言い、事態を収束させたとしよう。その後、CさんとDさんが和解して話し合ったらどうなる？　店長の都合のいい対応を知り、一気に信頼をなくすことは間違いない。LINEなどによって、スタッフ間で情報共有なんてすぐにできる時代だ。店長は、スタッフはつねにつながっているという意識を忘れてはいけない。

③店長の無意識な対人習慣への不満

この不満は、沈黙の不満とも言われ、店長がもっとも気づかないスタッフの不満であり、一番やっかいな不満と言っても過言ではない。

例えば、話しやすいスタッフにたくさん話し、怒りやすいスタッフにだけ怒り、イエスマンなスタッフを可愛がり、頼みやすいスタッフばかりに依頼する。やっかいなスタッフには、ご機嫌取りをして、裏で愚痴を言う。これは、無意識の習慣だからタチが悪い。でも、スタッフはここを本当によく見ているのだ！

鬼100則 59

スタッフは、短く一言で、褒めろ!

「スタッフをどう褒めたらいいかわからない」

こうした声を、店長から聞くことがある。

たしかに褒めるというのは、褒めようと意識すればするほど、いやらしい言い方になったり、そのせいですごく微妙な空気になったりすることが多々ある。

そこで、ここでは具体的な褒め方について紹介する。

私はスタッフを褒めるというのは、お客様じゃないので、わざわざ取ってつけたように褒めなくてもいいと思う。

大切なのは、短く一言で褒めることだ。

これならば、日常会話にどんどん褒めるという視点を取り込めるし、いやらしい褒め方には絶対にならない。しかも、店長の印象も自然に上がるので、絶対におすすめしたい。

具体的には、こんなトークだ。

仕事を早くきちんと終わらせた部下には、端的に一言で、
「○○さん、さすが！　早いねー！」
ポカなくきちんと仕事を終えたスタッフには、
「○○さん！　さすがぬかりないねー！」

ちょっと拍子抜けしたかもしれないが、何か特別な時に「○○さんのいいところはね……」という風に改まって褒めるよりは、**日常業務の中で、さりげなくジャブのように褒める**方が実は効果的だ。

店というのは、つねに動いていて、なかなか落ち着いて褒めるということが難しい空間である。だから褒めるということが疎かになってしまう。

褒めることとは、かしこまってしなくていい。日常会話に取り込んでいけばいいのだ。

そしてこの褒め方のいい点は、店長、あなたに褒める習慣が日常的に自然と身につくことだ。いわゆる口癖を作ることに等しいので、知らず知らずのうちに習慣化してしまう。

一石二鳥だ。

丁寧になんて褒めなくていい、短く一言で褒めればいい！

鬼100則 60

売り場作りは最高のコミュニケーション

いろんな店長と話をしていると、「最近は営業時間も長いし、人もギリギリでやっているから、スタッフとコミュニケーションが取れてなくて……」という言葉を聞く。

先日話した店長からも聞いたので、「仕事の時に会話とかはしないの？」と聞いてみると、「それはしますが、たいてい指示を出して終わり、みたいな感じで、プライベートの話とかできなくて……」と返ってきた。すぐに「え？　店長のコミュニケーションというのは、食事とか、飲みに行くとか、そんなことを言っているの？（汗）」と聞き返したら、「はい」と再び返ってきた。

この店長の言うことは間違ってはいないが、当たってもいないだろう。

たいていの店長は、コミュニケーションというのは、「最近、変わったことあった？」などと聞くプライベートについて話すイメージを持つかもしれない。しかし、私の知りうる限り、昨今のやり手店長はちょっと違う。

最近は、営業時間が長く、休みもバラバラで、なかなかプライベートで会うということはできない環境だったりする。だから**やり手店長は、仕事に相手を巻き込み、悩んだり一緒に考えたり意見を出し合ったりすることを、コミュニケーションと呼んでいる。**

例えば、私の社長時代、ナンバーワンだった店長は、陳列替えを、指示出しだけしてただ単にそれを作ってもらう、というだけの業務には絶対にしない。

彼女は、「**売り場作りこそ、最高のコミュニケーション**」と言い切る。

具体的には、つねに「どうしたらいいと思う？」「そっか、それもいいわね」「じゃ、○○さんの意見を取り入れてやってみよ！」といった具合に、スタッフと一緒に悩み、考え、楽しく意見交換して陳列を作る。

よく考えてみればコミュニケーションの最大の目的とは、心の距離を縮めることだ。だとしたら、雑談も間違いではないが、仕事を通じて、一緒に悩み、一緒に答えを出し、やってみる。これこそ、店の最高のコミュニケーションと言えるのではないか。

単なる指示作業とみなすか？　最高のコミュニケーションとみなすか？

それは、店長の考え次第だ。

鬼100則 61

デトックスミーティングはこうしろ！

店仕事において、スタッフ間のトラブルやスタッフ自身のモチベーション、個人的な悩みなどに関するミーティングは避けては通れない。いわゆるデトックスミーティング（以下、ＤＴＭ）だ。しかし、売上が絡む仕事が優先となったりして、人間関係改善のためのＤＴＭは後回しになることが多い。気づいた時には手遅れになっていて、スタッフが既に退職を決めていることもある。ここでは、より効果のあるＤＴＭの秘訣を説明したい。

ＤＴＭの４つのルール

●**店で立ちながらしない**：立ち話では本音は出ない。必ず座ってする。

●**すぐに行う**：トラブルが発生したり、申告されたら時間が勝負と思え！　問題には賞味期限があるのだ。

●**終了時間を決める**：人間関係の話はキリがない。お尻を決める。

●**営業時間内に行う**：仕事の顔で向きあうためにも、基本的には営業時間に行え！　ただし、プライベートが絡むことなど内容によっては営業時間外に行うかどうか決める。

DTMの5つの注意点

●思いをすべて吐露させろ：デトックスの言葉どおり「浄化」が目的だ。まずはすべて吐き出させて、すっきりさせろ。そこから始まる。

●すぐに否定せず、まずは肯定してから正せ：「いや」「だが」「でもね」「しかし」といったbutで受けてはいけない。たとえ間違っていても即否定せず、「そうか！　意見はわかったよ。でもね～」と返してあげよ。

●怒らない、叱らない：ミーティングの基本だが、怒った口調で話すと、終わったあとには、「怒られた」しか残らないもの。目的は、ちゃんとあなたのアドバイスが相手に残ることであることを忘れるな。

●共感して聞き、体験からアドバイスを送れ：私の経験上、もっとも効果があがるアドバイスは、相手に共感して、体験から発信することだ。体験から出る言葉は生きた言葉だ。

●100％鵜呑みにはするな！：あくまで相手の主観的な主張を聞いているという冷静さは失ってはいけない。客観的な視点は忘れるな！

鬼100則 62

アメリカの街はなぜ星条旗だらけなのか？

いきなりだが、アメリカに行ったことはあるだろうか？

アメリカを訪れると、日本人がまずびっくりするのは、街中のいたるところに星条旗があることだ。以前、ガイドツアーに参加した時に星条旗だらけの理由を聞いたことがある。アメリカは世界からいろんな民族が集まってくる。思想、文化、言語、宗教などがすべて違う多民族に共通の国所属意識を持たせるため、星条旗をシンボルにしているということだった。要するにバラバラな民族に「我々は同じ国に所属する同志だ」という意識付けをする共通項が、星条旗なのだ。

何を言いたいかというと、**我々の店も、アメリカと同じじゃないだろうか。**

よく考えてみてほしい。店も、年齢も、職歴も、家庭環境も、仕事意識も何もかも違う人間が集まった多民族社会と言えないか。**所属意識も共通項もなく働いていたら、そりゃまとまるはずもなく、同じベクトルに力を出せるはずがない**だろう。ゆえに、まとめるのに大切なのは星条旗と同じ仕組み、所属意識である。

実は私、自分の会社を拡大する際、この所属意識を持たせたく、スタッフ一人ひとりにパソコンで自作した社員証を作って渡していた。これが功を奏し、店の所属意識と定着率アップにすごく効果的だった。

何も「社員証を作れ」と言いたいわけではない。所属意識を高めることで、店がまとまることをここでは伝えたい。

例えば、話し言葉を意識し、意図的に「我々は……」という呼びかけや、「みんなで頑張ろう！」といった言葉を使い、仲間意識や共通目標を強調した話し方をするのだ。**所属意識を高める接し方や仕組みを作ることを大切にしていた結果、私の会社の離職率は低くなり、チーム意識が向上し、どの店も商業施設のトップクラスをはじき出した。**私の会社が急成長した秘訣、それは意図的な所属意識による影響も大きかったと思う。

私は今も変わらず、**所属意識こそが店の強さ**で、それは店長が意識的に作り出さないと生み出せないと思っている。

あなたの店に星条旗は掲げているか？　ぜひ考えてみてほしい。元々がバラバラな集まりなのだから。

鬼100則 63

スタッフに謝れるリーダーであれ

私は「鬼100則」という本を執筆しているくらいだから、自分にも相当厳しく、他人にも厳しい人だと思われるかもしれない。実は、恥ずかしながら、素の私はかなりおっちょこちょいなタイプだ。

それゆえ、子供の頃は、いつも自分のポカに対して「どうフォローしようか?」とよく考えていた（笑）。性根というのはなかなか大人になっても直らないもので、社長時代も、忘れ物をしては、その度に「ごめん！　ごめん！」と謝っていた覚えがある。

ひょっとしたら日本一社員に「ごめんね」と言った社長だったかもしれない（笑）。

私のマネジメント信条の1つに「**誇り高きリーダーほど、頭低く謝れる人**」というのがある。

それは、私が20代の頃、たくさんの店長や上司の下で働いて「なんで、この人は謝らないのだろうか」と疑問に思ったことが山ほどあったからだ！

時に誤魔化し、時に責任転嫁し、時にスルーする。そして、そんな店長の組織のほころびは早かった。何といってもスタッフたちはリーダーのそこを敏感に見ていた。

「店長、結局謝らなかったよね！」「店長、絶対に謝らないよな！」といった愚痴は一気に広まり、店長の人格はすぐに落ちていく。**店の問題は、実はそんな小さな不和から始まる**ということを嫌というほど見てきた。そして、謝らない店長がどれだけ素晴らしいことを言ったとしても、スタッフの心には響かないということを、私は若い頃に感じた。


だから私は、謝るべき時は、部下だろうが、年下だろうが、子供だろうが、堂々と謝ることにしている。役職がどうであれ、人として自分の非を認め、ちゃんとした謝罪ができるかどうかに、共同生活のもっとも大切な肝があると思うからだ。

素晴らしいリーダーとは、ちゃんと謝罪ができる人だと私は思う。

あなたは、スタッフに謝れているだろうか？

スタッフはそこを見ているのだ。

鬼100則 64

「スタッフはNG。店長はOK」が店をほろぼす

支援先の専門店の店長が、スタッフと関係がうまくいっていないらしく、私がそのスタッフと直接話すことになった。

スタッフの店長への不満はそれこそ湧き出るように出たが、スタッフが一番不満に思っていたのが、「店頭での私語を禁止し、いつも私語にうるさい店長が、空いている時間にすぐ話しかけてくる」というものだった。私は苦笑いするしかなかったのだが、この手の話は挙げると本当にキリがない。

他にも「ギリギリに出勤すると注意する店長が、本当は一番時間を守らない」とか、「店はいつもキレイにしましょうという店長の机がいつも汚い」とか、「いつも笑顔で明るい店を作ろうという店長が、一番気分屋で、不機嫌に店にいる」とか……。

要するに**「スタッフがやったらNGだけど、店長はやってもOK」**という、店長にとっ

て都合のいいルールがはびこっているのだ。チリも積もれば山となるように、こうした店長の言動が積み重なると、スタッフたちの大きな不満となり、恰好のやり玉に挙がってしまう。

たいていは、店長自身が、スタッフNG、自分OKとなっている不満の元凶にさえ気づいてないからタチが悪い。そして、**スタッフも店長に言いづらく**、不満は表面化せず、地下に潜り、店長は気づかないまま信頼をなくしていく。

店長とスタッフの溝ができる最初のほころびとして、このパターンは本当によくある。

だからこそ言いたい。

店長は今一度、自分が言ってることと、やってることを見直してほしい。

スタッフに言うことと、自分がやっていることに、整合性が取れているだろうか？

この書籍では何度か書いているが、**スタッフというのは、店長は仕事ができるか否かの前に、店長の人となりをつねに見て、逆評価しているということを忘れてはいけない。**

人の七難より、我が十難……ということわざ通り。スタッフに指導する時は、「自分もできているだろうか」と振り返ることを、絶対に忘れちゃダメだ。

鬼100則 65

インフォーマルな顔にコミットせよ

ある男性店長から、こんな悩み相談を受けた。

「私はレディスアパレルの店長をしていて、女性スタッフを部下に持つ男性です。今の店に転勤して3か月なのですが、最近、新人の離職が続き、店のスタッフ同士の空気も悪いのです。どう対応をしていけばいいでしょうか？」

要するに赴任して日も浅く、店の人間関係の実態がつかみきれていないのだと思う。

この店長の悩みを例に、店の人間関係についての助言をしたい。

まず、店を含めた集団というのは、2つの顔を持つ場合がほとんどだ。

1つ目の顔は表向きのONの顔で、これを**フォーマル組織**という。これは表向きという言葉どおり、会社が公式に割り振った店長、サブ、リーダー、新人、アルバイト、パート……といった役職や雇用形態での顔を指す。そして、もう1つの顔が**インフォーマル組織**。

これは組織のOFFの顔。別名「**休憩時間の顔**」とも言われ、自然発生的に形成される組織の人間関係を指す。要するに、役職などを抜きにした人間関係のことだ。もうちょっとわかりやすくインフォーマル組織を説明しよう。

ONタイムは、フォーマル組織で動くので、誰もが店長の指示を仰いだり、その日の店責任者の指示で店は運営する。が、休憩とかのOFFタイムになったらどうだろうか？

例えば悪いのだが（笑）、裏ボスと言われる裏で仕切っているスタッフがいたり、やたらと権限を持つお局パートさんがいたり、きっとフォーマル組織の序列通りではないことが多々ありうるのだ。

冒頭の相談者の店長が見ている店組織というのはフォーマル組織だけで、インフォーマル組織まで目がいっていない気がする。私の経験上、**店がうまく機能しないほとんどの原因は、このインフォーマル組織に問題があると言っても過言ではない。**ちょっとドラマみたいだが、裏で負のリーダーやお局が幅を利かせていないか？　OFFの時でも組織は正常に機能しているか？　まずは早急にチェックしてほしい。

私の経験上、うまくまとめる店長というのは絶対にインフォーマル組織を頭において店運営をすすめている。これは間違いない！　ただインフォーマルのお局に気を使えという訳ではない。ちゃんと把握してうまく店を回していくという意味でだ。

鬼100則 66

優秀なスタッフに嫉妬するな、活かせ

これまでいろんな店舗をたくさん見てきて、店長の下で優秀な部下がなかなか育たない、もしくは優秀なスタッフほどやめていくような事例をたくさん見てきた。

なぜ、優秀なスタッフが育たないのか?

この原因は「店長の嫉妬心」にある。まさか、と思う人もいるかもしれないが、これが意外と多い。

私の社長時代、田中さん(仮名)という若い2年目の女性店長がいた。そして、その店に影山さん(仮名)という同年代の女性スタッフが入ってきた。影山さんは大変明るく優秀で、入社3か月頃から頭角を現し始めた。周りのスタッフとすごくいい人間関係を作り、売上もどんどん作り始めたのだ。

すると、それまで「影山さん、頑張ってくれて助かります!」と言っていた田中店長の態度が急変した。急に「影山さんは、ちょっと八方美人なところがあって……」と、愚痴り始めたのだ。これはヤバいなと私は思ったのだが、時すでに遅しだった。影山さんが退職したいと言ってきたのだ。理由は家庭の事情だった。事情が事情なので引き留められずに、彼女はやめてしまった。

その後、影山さんと話す機会がたまたまあったのでストレートに聞いてみた。「やめた理由に田中店長との仲は関係あった？」と。彼女は「まぁ、ないわけじゃないですけど、あくまで家庭の事情なので」とだけ答えた。彼女は大変頭がいいスタッフだったので、その答えだけで十分だ。私は、やはりなと確信した。

これは私の記憶に残るほんの一例だ。店長の嫉妬心は本当に巧妙で見えにくいので、あまり表面化しない論点だが、大なり小なりこの手の事例は挙げれば本当にキリがない。嫉妬心が起こる理由はきっと、自分よりも優秀なスタッフの方が慕われることに耐えられなかったり、「自分よりも高い評価を受けるのではないか？」という不安感からくるものだ。

だからこそ警告したい。**店長の仕事とは、優秀なスタッフに嫉妬することではない。そのスタッフを巻き込み店の最強の協力者にすることなのだ。**ここを間違えてはいけない。

不安はあなたが創り出す妄想にすぎない。そんな妄想のほとんどは起こらないものだ。だから、**優秀なスタッフは遠慮なく巻き込め！　それがあなた自身の評価にもなるのだ。**

鬼100則 67

退職者は必ずサインを出す

うちの母は、ほぼ毎日デイサービスと言われる介護施設に行っている。毎朝、若い愛想のいい男性介護士が送迎に来てくれていたのだが、数か月前あたりから、その男性にいつもの愛想がなくなった。具体的には「今日もよろしくお願いしまーす」と言ったら「かしこまりました!」と笑顔で返してくれていたのが、「あ、ええ」と暗い感じに変わっていた。

それからしばらく経って、送迎者が変わった。「あれ?」と思った私は、その介護士の上司に聞いてみた。「いつも来ていた若い男の子、どうされたんですか?」と。すると上司の答えはこうだった。「実は突然退職したんです。急に言われてビックリしました。最近の子はあんなやめ方なんですかね」

私は、「いきなりですか。もったいない男性でしたねー」と言いつつも、内心は「いやいや、いきなりじゃないだろ! サイン出してたよ(笑)」と心の中でつぶやいた(苦笑)。

介護職に限らず、店員も含めたサービス提供が仕事のスタッフは、**たいていやめる前に必ずサインを出してくる。**

具体的には、先の介護士のように**表情が暗くなる、褒めても喜ばない、売れなくても悔しがらない……このように感情表現が乏しくなる**のだ。

そして大切なのは、店長がそれに気づけるか否かだ。それに気づけないと、この上司のように、「いきなり退職を切り出された！」となってしまう。

この変化に気づいた時点で何らかの手を打てば、かなりの確率で退職は止められる。しかし、**相手が決断した後だと、ほとんどつけ入る隙はない。**いわゆる心のシャッターを閉められた後では、こちらの声は届かないのだ。

そういう意味で店長は、スタッフの感情表現には特に気を付けてみてほしい。そして、**「あれ？　いつもと違うな」と感じたサインを見逃さず、気づいた時点で素早いミーティングを行うことをすすめたい。**

スタッフのサインに敏感な店長の店ほど離職率は低く、鈍感な店長の店ほど離職率が高いのだ。

鬼100則 68

こんな人材は採用するな！

昨今は、どの店も万年人材不足。それゆえに、猫の手も借りたい思いで、多少難ありな人材であっても、即採用してしまう店長も少なくない。気持ちはよくわかる。

だが、それが店のほころびの最初になる場合も少なくない。店とは人で決まる、ということを忘れないでほしい。

私は、20年間で1，000名以上の面接をしてきた。結論から先に伝えると、**履歴書にある前職の退職理由が、すべて他人都合な人（いわゆる他責な人）はやめた方がいい。**

例えば、面接時に「前職の退職理由は？」と聞くと、「店長がすごくパワハラな人で……」「会社がブラックで……」「残業代が規定通り払われなくて……」と他責な理由がずらりと並ぶ人だ。たしかに事実なのかもしれないが、**退職した理由の全部が全部、会社のせいってあり得なくないか？**

退職理由は、会社のせい、店長のせい、同僚のせい、環境のせい、人事評価のせい、給与のせい、パワハラのせい、家族の都合のせい……。

うん、わかるよ。でも、自分で解決できることもたくさんあったはずだ。

さも、退職したのは、私の責任ではありませんという風に聞こえる方は、そのような思考習慣なので要注意だ。

はっきり言うと、店というチームワークに向いてないと思う。他責癖がある人は、売れない時も他責で考える。これは、店仕事において致命傷だ。

売上がないのは、商品が悪い、値段が高い、集客が悪い、環境が悪い、時代が悪い、やり方が古い、会社が悪い、そしてお客様が悪い……。これでは、店仕事は成り立たない。

その考えが他のスタッフに影響を与え始めたら、それこそ、店の崩れる一歩にだってなる。

店は、売れない時こそスタッフ各人が「**自分のできることは何か？**」と考え動いてほしい。いわけだ。ゆえに、他責癖のある人の採用には、十分に慎重になってもらいたい。もちろん、全員が全員そうと言うつもりはなく、私の経験則だということを付しておきたい。

結局、**面接で見るべき一番大切なポイントとは、過去から予測できる、その方の思考習慣だ。**「この人は、どんな思考をする人か？」、これを見るのが面接である。

採用者は、選ばれし者として扱いなさい

前項でも書いたように、致命的な人材でなければとりあえず採用してしまうというケースも少なくない。選ぶほどの応募がなければ、とにかく人を補充しないと店が回らないからだ。

ほとんどの店長がそれをよしとしていないだろう。普通ならやはり面接で選んだ人材を採用したいだろうし、一度採用してしまえば、たとえ後で厄介な採用者だと気づいても、なかなかやめさせるのが難しい。

そんな仕方なく採用したスタッフであっても、戦力化させる秘策が実はある。

採用者は、すべて選ばれた者として扱うのだ。どういうことか？

例えば、どうしても1人入れないと店が回らない状況で、募集枠1人の募集をしたところ1人しか応募がなく、その人を採用したとしよう。

通常は、試用期間も含めて、お手並み拝見といった扱いになるのが普通だろう。

だが、私は選んで採用したわけではなくても、出勤初日から「○○くんは、**期待してあえて採用させてもらったから頑張ってね**」と、いかにも数人のうちから選んだかのような期待感を込めて迎え入れた。

その採用者に、「採ってもらった」という特別意識を持たせたかったのだ。

その効果は、３つある。

・選ばれた者として、そのスタッフが仕事に対して誇りを持てるようになること。
・採用されたからには、期待にこたえようとする前向きな意識が働くこと。
・定着率がアップすること。

考えてもみてほしい。**どうせ働いてもらうならば、本人がどんな資質の人材であれ、意識を高く持たせる環境からスタートさせた方が絶対にいいに決まっている。**

今後も優秀な人材が来るかはまったくわからないご時世だ。それならば、今採用したスタッフの最高のパフォーマンスを発揮させる環境を作った方が、店の可能性は限りなく広がる。

仕方なく採用した新人より、選ばれし新人の方が絶対に力を発揮するのだ。

鬼100則 70

求人に「誰でもできる仕事です」は絶対に書くな

人材が来なくて、閉店を余儀なくされる店がかなりあるのが現状だ。そんな人材不足の世情だから、どの店舗も一気に時給や社員給与の引き上げを始めた。

だが、私は声を大にして言いたい。**これまで人材が来てないからと言って時給を上げても、たいていは来ない。**

だって考えてみてほしい。その仕事自体に魅力がなかったら、ちょっとぐらい時給を上げても一緒ではないだろうか。どれだけ値段を下げても、魅力のない商品は売れ残るのに似ている。

そして、もう1つ大きな勘違いがある。求人誌や求人サイトを見ると、「誰でもできる仕事です」といった求人募集広告のオンパレードだ。より応募者を募りたいからだと思うが、ハードル下げすぎどころか、ハードル自体がない（苦笑）。**誰でもできる仕事＝誰でもいい仕事だ。**これでは人は来ない。

ここでは、私のクライアント店で、効果があった求人広告を2つ紹介したい。

1つ目は、「**楽ではないけど、やりがいのある仕事です。仲間募集します。一緒にやりませんか？**」と掲載した広告だ。それまで応募0だったのが、一気に8人来た。このポイントは、あえて「楽ではない」とした点にある。当たり前だが、「これから頑張ろう！」と思っている意欲のある人が、「誰でもできる」とか「楽な仕事です」という仕事に、そもそも来るはずがないのだ。もう1つのポイントは、仲間募集としたところだ。役職やら、年功序列といったニオイをすべて消し、店は全員仲間であるという視点で募った。

効果があった2つ目の広告は、こういう広告だ。「**スタッフが来ません。助けてください。一緒に店を何とかしてくれませんか？**」と募る、いわゆる暴露系求人。これも効果があった。お願いという求人にはあるまじきスタンスから店側の本音が見え、奇を衒った広告になった。

今後、ますます求人が厳しくなるのは目に見えている。しかし、裾野を広げるためにハードルを下げた広告を出しても、大して意味をなさない。

これからするなら、絶対にやりがいを打ち出す求人しかないだろう。そして、仲間を募る方が断然効果は出る。一度試してみてほしい。

鬼100則 71

人手不足な今だからこそ、店の未来を見よ

スタッフが強く、店長が弱いという構図の店が増えている。

スタッフにやめてほしくないから、言いたいことを我慢したり、まったく注意しない店長がいたりするのだ。

先日コンサルへ行った専門店が、まさにそうだった。

店長が「注意するとやめるから」という離職対策意識を持っていて、**「何も言われないから楽だ！」と思うスタッフだけが残り、真剣に学びたいスタッフは退職していた。**

当然、店の士気は下がる。焦った店長は、店の立て直しを厳しく試みた。

しかし、一旦ぬるま湯になった店の温度を上げるのは非常に難しく、突然厳しい対応を始めた店長に対して、スタッフは不信感をもち、店長対スタッフという対立構図になった。

そこに私が呼ばれたわけだ。

ここまでくると個別対応しかないと思った私は、一人一人と面談し、これからの店の方

針を説明した。もし、理解を得られないならば、退職も辞さない思いで接した。
結局は、ほとんどのスタッフがやめてしまい、店の再建まで半年かかってしまったのだ。
結果的に、スタッフは総入れ替えとなったものの、店はＶ字回復し、今は好調を維持するところまできている。

ここで考えてほしいのだが、**やめないということを優先すると、スタッフ育成に対して、どうしてもおよび腰になる。**

でも、何も言われない店をよしとするスタッフをどれだけ揃えても、店というのは成長しない。よく「何も言わない店長で楽だから、この店にいます」みたいなスタッフに出会うが、もはや、店としての店長とスタッフの正常な関係性が欠如しているようにしか私には見えない。

たしかに、人手不足はわかる。だが、もう少し長期的な展望で、店作りの本質を考えてほしい。**間違いなく指導した方が、いいスタッフが残るはずだ。**

そして、共に成長する店長とスタッフの関係でいてほしいと思う。**店長の仕事は、店を成長させることだからだ。**

第 *6* 章

Building fans

～ ファン作りの鬼 ～

「お客様は神様です」という言葉があるが、消費者は
神様以上の厳しさをお持ちである。

安藤百福

商品の先にあるもの。それは感動だったり、楽しさだっ
たり、人の生活を変えるもの。
私は、その感動をお客様に伝えていきたい。

高田明

鬼100則 72

店は夢見せる空間であれ

まだ私が駆け出しの販売員だった頃のお恥ずかしい話をしたい。

呉服の全国チェーンに入社して間もない頃、店に立っていたらフラッと中年の女性が入ってきた。私が「何かお探しでしたか？」と声をかけると、「私、実はキモノが大好きで。家にはすごく高価なキモノがあってね……」といったお持ちの高価なキモノの話をされ、それからずっと自慢話が続いた。正直いつまで続くんだろうか？　と思った私は、適当な相槌を打って接客を打ち切ってしまった。

すると、それを見ていた当時の店長に、「店は、お客様を主役にする場所でなきゃいけない。だからたとえ退屈な自慢話でも丁寧に聞け！」とものすごく怒られた。

それから数日してそのお客様がまた来店された。私は心を入れ替え、今度はしっかりと聞き、お客様の自慢話も盛り上げた。その時も話すだけ話して帰られた。

そんな感じが数回続いたある日。お客様が「今日はキモノを見せてくれる？」と言って、なんと100万以上買われたのだ。その際お客様が言われた言葉を私は今も忘れない。

「いつも私の自慢のような話を聞いてくれてありがとう。ここの店は私が主役でいられる夢の国なの」


その「**店は私にとっての夢の国**」という言葉は私の胸に刺さり、その後の私の店作り哲学となり、今も店を作る際の理念となっている。

お客様はできるだけ自分をよく見せたいし、お店で自慢話だってしたい。そしてそんな承認欲求を大なり小なりもって来店されるものだ。その欲求を叶えてあげる度量ある場が店で、それこそ、ECにはないリアル店舗の最大の魅力だと思う。

今どの店を見ても、店は売上を作る場という思考しかない。たしかに間違いではないが、それでは店というのは、ますます魅力を失っていくだろう。

もう一度、店の魅力というものを考えてみてほしい。青臭い言い方と思うかもしれないが、店はお客様のわがままに応える、わくわくする夢の国だ。だから、お客様は魅了され、また来たくなるのではないか。

そして、その夢の国を作る総合プロデューサーが店長、あなたなのである。

中小店がAmazonに負ける日

先日、地元のショッピングモールに贈答品を探しに行った時のこと。聞きたいことがあり、店員を探したが、見当たらない。やっと発見し「○○ってどこにありますか?」と尋ねたら、面倒くさそうに「聞いてきます。少々お待ちください」と言い残し、聞いたはずの店員が聞きにいなくなる(苦笑)。

長い間帰ってこなかったが、聞いた手前、勝手に立ち去るわけにもいかない。「こんなことになるなら聞かなきゃよかったな」と後悔し始めた頃、ようやく店員が帰ってきた。するど、さも当たり前のように淡々と「ないですね」とポツリ……。「待たせた挙句それかーっ!」と、やり場のないモヤモヤをかかえて売り場を去った(苦笑)。

地方の店は、都会の店に比べて競争原理が働かないから、ある意味、店としての体をなしてなくても生き残れる、いわゆる「ゾンビ店舗」がすごく多い。

ただ、それでも**地方店や中小店が生き残ってこれたのは、親切な人的サービスがあった**

からだ。大型店やネット販売にはないよさがあったので、それはそれで存在価値があった。だが、ネットで買うことが当たり前になった今日において、品数少なく、値段も普通で、さらに無関心な店員がぼーっと立ってるだけの店に、なんの魅力を見いだせというんだろうか？　結局、私は家に帰り、配送料無料・翌日配達の Amazon でギフトを買ってしまった。

地方店や中小店のよさは親身な対応だったはずだ。それがなくなれば、本当に Amazon に負ける日がくる。Amazon の品を配達にきたヤマト運輸のドライバーの方が、親切だったというオチだけは勘弁してほしい（笑）。

もう一度、店長は店舗の強みを考えてみてほしい。**店にあって Amazon にはないもの。それは、人的なサービスによる満足感しかないのではないか？**　お客様に寄り添って、買い物の悩みや不安の解消のお手伝いをしてあげたいという想いや、コンシェルジュのように相談にのり、解決策を指南するサービス、はたまた、雑談や地域情報などの提供もそうだろう。

利便性が追求されればされるほど、**店舗ビジネスのキーワードは「人」となる気がしてならない。**それができなければ、利便性と品ぞろえに勝る Amazon に負けても何の不思議もないのだ。

鬼100則 74

アフターケアコンタクトは最低3回

接客や販売が顧客を作るためのものなら、アフターケアは顧客を維持するためのものだ。

一回きりのお客様を顧客化できるかどうかが決まる、もっとも大切な肝と言ってもいい。

大切なのは、**お客様の記憶に存在し続けることだ**。

ここをほったらかしにしていると、店というのはお客様の記憶から一気に消えていく。

だから、定期的かつ効果的にコンタクトをとっていくということが大切になる。

そのために何を使うかだが、ツールはなんでも構わない。

チラシのような広告的な販促の他に、LINE、Instagram、メッセンジャーなど、個人的にメッセージを届けるツールはぜひ用意してほしい（もちろん、従来のアナログツールである、DMはがきや、封書手紙、電話、メールでも一向に構わない）。

コンタクトの回数は、どんなお客様でも最低3回取ると効果的だ。

●1回目：お買い上げから3日以内にサンキューコンタクト

いわゆる御礼状と同じく「ありがとう」という趣旨だけ伝える。「また来てください」や「使用された感想いかがですか？」といった内容は特にいらない。とにかく、買っていただいた時の接客が目に浮かぶ記述と感謝を伝えるのみのものにする。

●2回目：購入から1か月後を目安にメンテナンスコンタクト

商品の使用の感想や、不備がないかお伺いのコンタクトを入れる。「不具合ございませんか？　また、あればご連絡いただけたら幸いです」といった内容とする。

●3回目：イベントコンタクト

ここで初めて次回イベントの告知や新作などについて紹介する。

どのお客様にもこの3回を基本とする。そしてお客様によって、招待セール、新作フェアなどといったイベント内容で告知を変えていくのが効果的だ。

できるだけ一回のコンタクトに内容を詰め込みすぎず、分割してとにかく回数を増やすことがコツだ。これらのコンタクトによって、お客様の記憶に残ることができる。

店員教育が必要な本当の理由

「なぜ、店員への教育が必要なのか？」

この質問をすると、ほとんどの経営者や店長から、店の質を上げたいからと言われる。

もちろんそれも大切だが、店員教育をすることのさらに大切なポイントがある。

それは、**店員が教育された店ほど、顧客ができるということだ。**

お客様は、２つのタイプに分けられる。

１つは、接客を重視するお客様。もう１つは、接客なんて気にしない商品や値段ありきなお客様。前者の「接客重視のお客様」ほど固定客として定着しやすく、後者の「接客に無関心なお客様」ほど、顧客化しづらい浮遊客だ。

これは商工会が実施した「あなたは、お店のどこを重視してリピートしますか？」という顧客アンケートの結果にも表れている。**来店頻度の高い顧客ほど、「店員」「接客」「店の雰囲気」と答えた人が多かった。**

この結果は、店と顧客のつながりは、商品以上に人と人との粘着性からできることを意味している。**商品が同じレベルなら、お客様は、店員教育された店の顧客になりたがる。**

百貨店がいい例だ。

私は専門店の社長時代、百貨店に何店も出店していたが、百貨店顧客で「接客なんて気にしない」というお客様はほぼいなかった。百貨店と顧客の強いつながりは、今更説明する程でもないと思うが店員教育が生み出していたのだ。店員教育された店こそが、お客様から見て信頼できる店ということだ。

少し乱暴な言い方になるが、商品や値段ありきなお客様というのは、もっといい商品や、安い値段の店ができたら、すぐに浮気してしまう。

「うちにはなぜ、顧客ができないんだろう？」と悩んでる店長には、もう一度店員教育を見直してほしい。

店員の接客を通してお店を好きになってくれた顧客は、**ちょっとやそっとで浮気しないし、末永くおつきあいしてくれる。**教育された精鋭の店員で店を作り、お客様を集めることが、サステナブルな店作りの第一歩だ。

鬼100則 76

お客様をよく見ろ！ そこに真のサービスがある

私には、東京出張の際に必ず泊まる、気に入っているホテルがある。初めてそのホテルにチェックインした際、私はフロントの女性に「これから外に出かけるんですが、雨降りますかね？」と聞いた。するとその女性は、すかさずネットで調べてくれ「降水確率50％なんで、傘はお持ちになられた方がよろしいですね」とニコッと笑ってくれた。まぁ、ここまでは、よくある雑談対応だ。

ちょっとびっくりしたのは、この先。

翌朝のチェックアウトの際、今度は違う女性が対応してくれ、彼女はさりげなくこう言ったのだ、「昨日は雨が降らなかったと思うのですが、いかがでしたか？」と。

私は、すっかりそんな会話を忘れていたので、すごくビックリしたのを覚えている。

その後、そのホテルでは、チェックイン時にお客様が言った一言を必ずメモし、それをチェックアウト時のスタッフに引き継いでいることがわかった。受付が誰であれ、チェックイン時に「焼肉屋、近くにありますか？」と聞いたら、チェックアウトの時は「焼肉屋、わかりましたか？　美味しかったですか？」と感想を聞いてくれるのだ。

もしかしたら、「何だ！　そんなこと普通だよ」と思うかもしれない。でも、私は心を打つサービスとは、何も映画『プリティ・ウーマン』に出てくる高級ホテルの支配人がするような感動的なものではなく、日常でさりげなくできるものだと思うのだ。

よく「うちは経費をかけられないので、ろくなサービスができない」という店長と出会うが、いやいや、**お金をかけたサービスなんていらない！**

たった一言をメモして、次回の一言につなぐ。たったこれだけのことでも、心を打つサービスが完成する。

もしあなたが、もっとお客様に喜んでほしいと願うなら、お客様の悩みや要望など何気ない言動に関心を持ち、次回のサービスにつなげるのだ。それこそが真のサービスだ。さりげないサービスをする姿勢を大切にしてほしい。

鬼100則 77

20円引くより、20円の目玉焼きサービス

店のサービスや販促というと、どうしても安易に考えがちなのが値引きサービスだ。

でも、コロナ禍においては、たくさんの店が値引きに走り、利益を失い、なくなっていった。値引きではないサービスでお客様満足を得ること、要は、**値引きをしなくてもお客様が喜んでくれる店にしないと、店を続けていくことはできない。**

私がよく行くカフェのマスターは、この値引きではないサービスをまさに実践していた。先日、そのカフェにランチを食べにいき、私はハンバーグランチを頼んだ。出てきたものを見てみると、なんとメニューの写真と違いハンバーグの上に目玉焼きが付いていた。すぐに「あれ？　目玉焼き写真にないけどいいの？」と聞いたら、「柴田さん！　サービスだよ、サービス！　**目玉焼きなんてたかが20円程度だよ。20円を割引するより、20円の目玉焼きつけた方が、よっぽどお客様って喜ぶもんだよ**」とマスターは笑った。

マスターいわく、卵１つ原価20円。８００円のランチから、20円の割引をしてもたいして喜ばれないが、20円の目玉焼きを付けるととっても喜んでもらえる。だから、値引きより、目玉焼きサービスをするとのことだった。

値引きでお客様の笑顔を見るより、付加サービスでお客様の笑顔を見たい。

これぞ、専門店のサービスではないだろうか。

我々は安易に値引きというサービスを考えてしまいがちだが、正直いって値引きサービスとは、額の差分しか満足は生まれない。そして、こういったサービスは間違いなく客層を劣化させ、店の体力を奪う。

20円の値引きと経費20円の目玉焼き無料サービス。20円の売上、減。20円の経費、増。同じ金額なら、同じこと。さて、お客様、どっちが喜ぶ?

顧客満足とは、値引きより、価値の創出なのだ!

この一例はカフェのサービスの話だが、あなたの店に当てはめるとしたらどうなるか、そんな視点をぜひもってほしい。

鬼100則 78

お客様が来る店と来ない店の決定的な違い

あるナショナルチェーンの店長からこんな質問をもらう。

「私たちの会社は、基本販売はしていません。それでも、同じ商品を売っているのに売上に差が出る根本的な違いってなんでしょうか？」

いろんな要素が絡んで売上はできるので、一概にこれとは断定できない。

だが、たくさんの店をクリニックしてきた私の経験上、一番はっきりしていることは「**売れる店は快不快を重視し、売れない店はルールを重視している**」という点だ。

繁盛店は、つねに「**お客様が不快になっていないか**」という基準で店を見ていて、売れない店は「**ルール通りに店運営ができているか**」という基準で店を見ている場合がほとんどだ。

例えばレジ対応。売れない店はルール重視なので、レジ処理に間違いがなければＯＫだ。

極端な話、不快な対応をしていてもルール通りならば、スルーしてしまう。

その一方で、繁盛店は快不快重視なので、お客様にストレスがないかを見ている。だから、ルール通りな対応でレジ処理をしても、話し方、話す内容、表情などが不快な対応ならアウトなのだ。

よくレジで、お客様がお金を手渡ししようとしたら、仏頂面で「お金はトレーにお願いします」という店員がいる。きっとルール重視の店長の視点だと、何の疑問も抱かないだろうが、快不快を重視する店長だったら「あの対応はお客様には不快だから……」と店員を注意するはずだ。これが、両者の分かれ目。

繁盛店の店長は、つねにお客様のストレス排除に余念がない。

反対に、売れない店の店長は、快不快の概念がなく、運営ルール通りにやっていればいいと思っている。だから、お客様がリピートしないわけだ！　快適なら来る。不快なら来ない。お客様にとって店ってそれだけのこと。

あなたのお店は、お客様をどんな気持ちにさせているか？

そこに気づくか否かだ。

お客様が求めないなら、笑顔だっていらない

先日、某ディスカウントストアへ、新しいルームフレグランスを買いに行った時のこと。店内のどこに何があるかがわからず（そこがその店のよさなのだが）、ちょうど目の前で品出しをしていた年配の女性店員に場所を聞いてみた。

そうしたら、その店員は、無表情で淡々と「あー！　部屋の芳香剤？　それなら、ここずーっと真っ直ぐ行って突き当たりを左にあるよ」と返答してきた。まさかのタメ口だ！　そしてトドメは、品出しの手を止めずの、ながら返事（苦笑）！

私は内心、これを百貨店でやったなら間違いなく大苦情だろうなと思いつつも、その店だと不思議と気にもならなかったので、「まっいいか」と買って帰ったのだった（笑）。

この対応を否定したい話をしたいわけではなく、百貨店の接客こそ素晴らしい！　という話をしたいわけでもない。

百貨店の丁寧すぎる接客だって、そのディスカウントストアでされたらきっといわゆる

うざい接客に違いないのだ。「私がご案内させていただきます」「こちらでございます」「一応一番人気がこちらでして」と、百貨店の丁寧な接客をやられたら、「店員さんもういいよ！　後、自分で見るからさ」となるに違いないと思う（笑）。

結局、店対応というのは何が正しくて、何が間違ってるという一般定義なんてなく、その店の客が求める対応がすべてだということだ。

店の正しい対応の定義を考えた時、そこのお客様が求める店対応こそが正義なのだ。お客様が笑顔を求めないなら、たとえ笑顔だって不要なスキルになる。店にとって大切なのは、**お客様の求める店であるかどうか**、これに尽きる。

そこでもう一度店対応を見直してほしい。**店の対応や店の在り方を教えてくれるのは、セミナーでも、テキストでもない。いつもお客様なのだ。**

今の時代は、益々お客様が求める店作りが求められているし、その傾向は今後もっと強くなっていくだろう。店はお客様から逆算して考えるのだ！

鬼100則 80

店長接客で店の顧客を作れ！

「なかなか顧客が定着しなくて困っているんです。定着化の秘訣ってありませんか？」こうした店長の悩みを、店長セミナーでよく聞くようになった。

コロナ禍で新規客が取れない状況の時、顧客をもつ専門店だけが数字を落とさなかったし、その事実に焦った店長が相当数いたということだと思う。

そんな質問をされた時、必ず店長にこう聞く。「**ところで、店長自身は接客するの？**」と。すると、たいていの店長は「いや、接客はスタッフに任せています」と答えてくる。だからたいていこう返す。「店長！　じゃ、すごく簡単なアドバイスをしてあげるよ！　**あなたがたった一言でいいから売れたお客様に必ず挨拶をする。**たったそれだけで、顧客の定着率は2倍上がるよ」と。たいていの店長は「えっ？　それだけで？」とちょっとビックリしたように聞き返してくるのだが、本当である。

具体的には、こんな風な言葉でいい。「私、この店の店長の◯◯と申します。この度はありがとうございました。いや、大変いい商品なので、ぜひぜひ、たくさん使ってみてください。また、よかったら感想なんかも聞かせていただけたらありがたいです。また、万が一、何らかの不具合、不都合がありましたら、担当の△△もしくは、店長の私にでもご連絡ください。今後ともどうぞよろしくお願い致します」

これだけ言えれば上等だ。時間やタイミングが許せば、ぜひ試してほしい。

私が社長だった時の店長たちにこの指示を出したところ、ちゃんとやってくれた店の大半は、再来店が2倍から3倍に増えたのだ。理由は簡単だ。お客様とつながりのある店員が増えれば増えるほど、お客様の再来店する確率は増え、顧客化が進むからである。

当たり前だが、お客様からしたら担当者しかつながりがないのと、店の全員とつながっているのじゃ、店への親密感は比べものにならない。そしてさらに、**その店の店長から声をかけてもらった出来事は、実に顧客心をくすぐる特別な経験となる。**だから、店長挨拶が顧客化を推進する。店長から声をかけられたお客様は、嬉しくないはずがないのだ。

まとめよう。顧客化、固定客化したいなら、意識するのは2つ。**1つは、できるだけお客様から見た話せる店員の数を増やすこと。**そして、もう1つは、**店長自身がそのお客様を知り、自ら接客すること。**この2点で十分に顧客は2倍になる。お試しあれ!

鬼100則 81

「ありがとう」で店を埋め尽くせ

私が3か月で作った繁盛店カフェを紹介したい。

そのカフェは、東海地区のショッピングモールにあるカフェだ。いいスタッフが揃っているにもかかわらず、なかなか顧客が定着しないことに店長は悩んでいた。

現場に行き、スタッフと面談したところ、どのスタッフも素直で純朴ないいスタッフだった。だが、シャイすぎて言動から「ありがとう」がイマイチ伝わってない。そして、店からもお客様をもてなす雰囲気が伝わってこない。

そこで私は、「ありがとう埋め尽くし作戦」という作戦を立て、**店のすべてにおいて「ありがとう」というメッセージが伝わる店作り**を開始した。

まず、スタッフに、**必ず言葉の語尾に「ありがとう」とつけること**を習慣付けさせた。

「ご来店、ありがとうございます」「お気遣い、ありがとうございます」「早速、ありがとうございます」「こちらこそ、ありがとうございます」、万事がこんな感じだ。

「ありがとう」というのは重宝な言葉で、すべての語尾に付けられる万能ワードだ。そして、どれだけ言っても言い過ぎじゃなく、むしろ言われた方を幸せにするパワーワードだ。使わない手はない。

次に、**「ありがとう」を動作で伝える仕組みを作った。**具体的には、飲食の提供、レジでのお金の渡し方、お辞儀などにおいて、「ありがとう」を伝えるにはどんな動作をしたらいいかをスタッフと一緒に考え、意見を出し合い、動作マニュアルを作った。スタッフに参加させるのがミソだ。そして、ロープレで徹底させる。その際、表情も訓練させた。

最後は、**ツールで伝える仕組み**だ。具体的には、入り口のイーゼル黒板、メニューやPOPに「ありがとうございます！」の文字を記し、主要客にはクーポン付きサンキューDMを書き、時節はがきや、LINEも同様のありがとうクーポンを付した。

これらを徹底したことで、3か月後にはその店の客数は2倍となり、館内で一番来店客数の多い店となった。

私はその時確信した。**「ありがとう」で店を埋めれば、お客様は絶対に愛してくれる**、と。

理由はわかっている。なぜなら「ありがとう」は、日本人が一番大好きな言葉なのだ。「ありがとう」の数だけ、お客様は来店される。

鬼100則 82

お客様は「自分を優先してくれる店」が大好き

私の20年の社長生活の中で、忘れられない店長がいる。レディスショップの三宅という店長だ。彼女は、普段はおっとりとしていて天然な部分もたくさんあるのだが、初年度1億のお店を、2年間かけて2億の売上までに成長させた、ずば抜けた結果を残した店長だった。ただ、私が忘れられないのは、何も数字をあげたからではない。

言い方は悪いが、数字をあげるだけの店長なら、いくらでもいた。何がすごいかというと、**お客様優先意識がとにかく徹底されていた**のだ。

ある時、三宅店長と私が電話をしていると、いきなり「社長、すみません。お客様が来られましたので、後ほどかけ直します。（ガチャ！）」とすぐに切られ、かけ直してきたのがその5時間後。何食わぬ顔で電話してきて「社長、すみません。お客様の接客やらですっかりこんな時間になってしまいました（笑）」と豪快に笑っているのだ。

また、私が三宅店長と店の前で陳列を見ながら、仕事の話をしていた時のこと。ちょうど店の前にお客様が立たれた瞬間、話の一番いいところで「社長、すみません。お客様が」と言って、すーっとお客様の方へ向かっていった。

　こんなこともあった。私とメーカーの部長が店のど真ん中で、腕を組んで難しい顔をして話していたら、いきなりやってきて「社長、すみません。できれば、店の奥か、通路でお願いしてもよろしいでしょうか？　お客様から見える場所なんで」と言われた。

　私は、その徹底したお客様優先意識に感動すら覚えた。そして、この徹底的なお客様優先意識があったからこそ、それに賛同したスタッフは三宅店長についていき、定着率も高く、必然的に数字も上がった。

　当たり前である。お客様はお客様が優先される店を心地悪いと思うはずがない。そして、実はそれはスタッフも一緒で、**お客様第一主義がブレない店長にこそついていきたいと思うものなのだ。**

　店長の職務は、スタッフの定着率を上げ、売上も上げることだ。だが両立できる店長は少ない。その両立する秘訣が、この「お客様優先意識」にある。

　いつの時代も、お客様は自分を優先してくれる店が大好きだし、スタッフはお客様を優先するという店作りがブレない店長についていきたいものである。

鬼100則 83

繁盛店はレジ対応で決まる

「レジ対応がダメな繁盛店なし！」

これは、私が講師として全国を飛び回り、いろんな店を見てきての結論である。店にはありとあらゆる形態が存在するが、私が見た限り、繁盛している店でレジ対応が疎かな店は1店としてなかったし、どの店も力をいれていたのがレジだった。

商品を購入する際、お客様は100%レジを通過する。購入の余韻を残せるベストシーンが、レジなのだ。最後のレジ対応がよければ、店の印象もいいものとして残り、再来店につながりやすくなる。

実際に、私が0から42店舗のチェーンをわずか8年で作り上げた際も、店長にとにかくレジでの対応を徹底させた。そのおかげで、再来店率は高くなり、いい口コミが広がった。

具体的にしたことは、次の4点だ。

●当たり前の対応が抜けないように徹底する

最後のレジが好印象の秘訣だと書いたが、逆に言えば、レジ対応でミスがあれば、それまでの対応も台無しになってしまう。ポイント入れ忘れ、打ち間違えなどのミスは、絶対にないように徹底したい。

●商品はすでにお客様の所有物である

レジでがさつに商品を扱うことがないようにする。レジまでくると、もはや商品は店からお客様へ所有が移っているという意識を徹底する。

●商品をもう一度褒める

買い物袋に入れる際、もう一度、商品を手にして褒める。「ほんとこのシャツの手触りいいですね」といった具合でいい。この一言が購入満足度を高め、キャンセル防止にもつながる。

●心からお見送りする

最後の余韻の決め手は、心のこもった言葉と、表情が大切。特に、最後の言葉は「ありがとうございました」の後に「気を付けてお帰りください」や「夕方なので運転お気を付けて！」といった人として相手を気遣う言葉を続けたい。その個人的な思いやりの一言こそがお客様の印象に残るのだ。

第7章

Management

～マネジメントの鬼～

才能で試合に勝つことはできる。だが、チームワークと知性は優勝に導くんだ。

マイケル・ジョーダン

一人ではほとんど何もできません。一緒なら多くの事ができます。

ヘレン・ケラー

鬼100則 84

売れない店に共通している たった1つのこと

これまで、私は何千もの企業研修、何千という店舗を見てきた。

その経験をふまえて言わせてもらうと、売れていない店は、お客様を見ず店の人間関係ばかり見ている店が多い。

どういうことかと言うと、あの人はどうのこうの、店長はどうのこうの、あの人が嫌だ、あの人がムカつく、あの人に腹が立つ……と、「暇なのか?」というくらい（笑）、職場の人間品評ばかりしている。

そして、その思考は、自己保身、ねたみ、嫉妬が混じり、行動は、告げ口、陰口、愚痴、派閥などに満ちている。

要は興味が、お客様より店内の人間関係に向いているのだ。

本来なら店というのは、店の外側（お客様）に目がいかなきゃいけないのに、**店の内側（人間関係）ばかりに目がいっている。こんな店は、たいていい売れていない。**

反対に、売れてる店は、目が外に向いている。いわゆるお客様に目が向いている状態だ。じゃあ、そういう店は人間関係は良好なのか？　といえばそうでもない（苦笑）。良好だから店の外に目が向けられるというよりも、**店の人間関係に関してはいい意味で割り切っている**という方が正しい。

だって考えてもみてほしい。どんな店だって、大なり小なり人間関係のいざこざは絶対ある。言い始めたらキリがない。

大切なことは、そこに必要以上に執着しない組織を作ることだ。そして、そこが売れる店と売れない店の大きな違いだ。

店とは本来お客様のためにある場所であって、スタッフの交流の場じゃない。

店の人間関係のことばかり話題にしている店は、たいてい本来のお客様のほうを向いたサービスってできてない場合がほとんどなのだ。**店長はそこをしっかりと店に落とし込んでほしい。**

店は店員のための空間じゃなく、お客様のためにある！

この本質を忘れない店こそが売れる店なのだ。

不満こそ、素晴らしいパワーである

「不満ばかり言うスタッフがいて、やっかいで困っています。どうしたらいいですか?」

こんな質問をたくさんもらう。店長になれば、必ず不満あるスタッフと向き合うことになる。それは避けては通れない。大なり小なり、不満がないスタッフなんていないからだ。

だからこそ言いたいのだが、**不満というのは何もやっかいなスタッフだけが持つものではない**（後述するように、不満が愚痴になることもあるが）。理想が高いスタッフや、意識の高いスタッフだって不満を持つし、認めてほしいスタッフほど不満を持つものだ。

ゆえに、「不満＝やっかい」という色眼鏡を捨てて、相手の不満と向き合ってみてほしい。私の経験上、苦情のお客様ほど顧客化しやすいように、不満を持つスタッフほど戦力化できた例が多い。

その一例になるが、私が30億企業を作った際、その右腕になってくれた（48項でも登場した）小原というマネージャーは、入社当時、社長だった私との初めてのミーティングで、いきなり不満をぶちまけた。「この会社に入って思ったのですが……」と聞かされたのだ。普通だと「新人が何言ってるんだ！」となるかもしれないが、私は、その不満からパワーを感じた。ゆえに、細かくフォローをした上で店長に抜擢した。すると見る見るうちに業績を伸ばし、不満だらけの新入社員が、トップ売上の店長となり、のちに会社を引っ張る幹部となっていったのだ。

何を言いたいか？　**もしその不満が問題意識から生まれたものだったとしたら、その不満はパワーであり、うまく方向性を変えられれば大きな力にもなりうるのだ。**

むしろ、不満さえ持たないスタッフの方が問題かもしれない。**意識低いスタッフは、不満さえ持たないからだ。**

不満をパワーに変えるために必要なのは、まずは不満を煙たがらないこと。その上で、細かくフォローを怠らないことだ。基本的に、**不満は互いの会話が少なく説明不足が原因になっている場合が多い。**なので、まず会話を増やす。そして、きちんと責任を与えてみる。すべてが理想通りにいくとは言わないが、少なくとも事態が好転する可能性は高い。

不満はやっかいという考え方から、不満は問題意識という風にあなたの定義を書き換え対処するのだ。最後になるが、あなた自身が相手の不満の種でないことを願うばかりである。

鬼100則 86

「ただ去る」という沈黙の制裁に手を打て

先日東京出張した際、(言葉は悪いのだが)感じの悪いとある全国チェーンのカフェに遭遇した。

具体的には、カウンター内で頬杖をつく店員がいて、調理器具を雑に扱う音が響き、レジ対応は無関心・無表情なものだった。

そんなお店に対し、たしかに気分が悪くなったのだが、そのチェーンの相談室に電話して苦情にするのも面倒だし、そこまでしたくない。SNSに苦情を書き込んで、憂さ晴らしするのも陰湿だし、大人げないので、やりたくもなかった。

結局、「この店に来ることはもうないな」と思いながら、黙って店を去った。

お客様が、感じの悪い店に加える最大限の制裁とは、「黙って、店を去り、二度とこない」という沈黙の制裁しかない。それ以上でも、それ以下でもない。

ただ店を去られることこそが、静かで穏やかながら、もっとも恐いお客様からの制裁なのだ。

店側にとっては、この沈黙の制裁を知ることになるのは、客数が減るという形に見えた時、すなわち、ずっと先のことだ。

そして、見えた時には致命傷になっていることも少なくない。

だからこそ店長たちに助言したい！

そうなる前に、**自店のセルフチェックを必ず毎日やってほしいのだ。店にはびこる「感じ悪い」という感覚をキャッチするアンテナをぜひ立ててほしい。**

具体的には、定期的な覆面チェックや、お客様の声をキャッチするツールの作成、そして、自身のチェックシートの作成だ。

お客様が沈黙の制裁をする前に手を打つのだ。これに気づき撲滅できるのは、店長、あなたしかいないという自覚を持ってほしい。

人気全国チェーンの店でさえあるのだから、あなたの店にその不満があってもおかしくはないはずだ。

ディベロッパーは最強の同志である

読者の方の中には、商業施設のテナントの店長もいらっしゃると思うのだが、そんな店長にあえて聞きたい。

ディベロッパーとの付き合いはちゃんとできているだろうか？

私は、研修講師としてイオンモールや駅ビルといった商業施設のテナント店長研修会に招かれることが非常に多いのだが、意外にもディベロッパーとの交流がない店長が多い。たしかに自店の運営で手がいっぱいなのはわかるが、正直に言うとこれは本当にもったいないと思う。

なぜか？　**ディベロッパーというのは、最強の外部相談役であり同志だからだ。**

そもそも考えてもみてほしい。**あなたの店に売ってほしいのは、何もあなたの会社だけではない。施設も同じだ。**だからこそディベロッパーを巻き込み、同志にしない手はない。

少なくとも私の知りうる優秀な店長たちは、そのツボを押さえていて、ディベロッパーと良好な関係を保ち、つねに情報交換し、時に相談したり、助けてもらったりしている。

具体的には、どう助けてもらっているか？

売上不振の時の相談は当然だが、**昨今は人材不足の救世主も実はディベロッパーだったりする。**例えば、営業担当と良好な関係を保っていたら、閉店した店舗のスタッフや、他店の転職希望のスタッフを紹介してくれたりもする。これは良好な関係の大きな副産物だ。

また、営業担当に**自店の困りごとのサポーター（代弁者）になってもらう**のも一手だ。例えば、「本部が商品を回してくれない」「本部がいつまでも増員してくれない」という困りごとの切り札として、営業担当に「やんわり」と本部に要請してもらうのだ。これも、良好な関係だからこそできるメリットだ。

そして、**営業情報も良好な関係なら教えてくれる場合がほとんど。**昨今は売上を非公開にしている施設が多いが、口頭でなら教えてくれる場合が多々ある。

要するに、良好な関係を保ち、巻き込み、外部の相談役として頼ればいいのだ。

ただそのためには、挨拶はしっかりとすること。そして、店長会、教育研修、クリーン活動、プロジェクト活動への積極的な参加は必須となる。

何度でも言いたい。ディベロッパーとは、良好な関係を築き、巻き込んでナンボだ！

「モチベーションスイッチ」を押しなさい

「スタッフみんな、考えてることや、性格がバラバラで、店をうまくまとめられないんです。何かアドバイスをいただけませんか？」

今も昔も、店長たちから、このような内容の質問を受けることはものすごく多い。バラバラなタイプのスタッフに対して、それぞれどのようにモチベーションを高め、いかにまとめたらいいか？　ほとんどの店長が悩むのはここだ。

結論から伝えると、店をまとめるコツは、**「それぞれ違う動機で働くスタッフたちの、それぞれのモチベーション（やる気）スイッチを探し、押す」**、これだけだ！

スタッフの仕事の動機は、人それぞれ違う。店仕事は特に、年齢や職種がバラバラで、独身社員もいれば、主婦パートもいたり、学生アルバイトもいたりする。だから、仕事の定義や動機が全員違う。**動機が違うということは、頑張るツボや、やる気になるモチベーションのスイッチも違うというわけだ。**

●昇給でとんでもなく頑張る人
●認められたいから頑張る人
●人に喜んでもらいたいという信条で頑張る人
●責任ある仕事にやりがいを見出す人
●競争心でやる気をだす人
●私生活重視で公私バランスが取れないとダメな人
●時間つぶしぐらいに考えてる、モチベーションのスイッチがないバイトもいる（笑）

それぞれのスタッフのやる気のツボはどこか？　そこを個別に探すのだ！

そしてそのスイッチを、個別に押してあげる。これをマネジメントという。スタッフというのは、目的は一緒で、働く動機や、やる気が違うだけである。店長は、ここを理解してスタッフを見ることが大切だ。

あのドラッカーはこう言っている。「**マネジメントに『こうあるべき』はない**」と。

スタッフマネジメントは、難しく考えるな！　それぞれのやる気のツボを探し、そのスイッチを押す。それだけだ。

鬼100則 89

スタッフからの依頼はすぐやれ！どうせ忘れるから

「スタッフからの頼まれごとは、すぐにやりなさい、すぐです！」

これは、私が20代に勤務していた業界一位の呉服チェーン「やまと」のリーダー研修に参加した時に、当時の研修講師が言った一言だ。もうかなり前のことになるが、その研修で私の頭に残っている唯一の言葉だ（笑）。なぜなら、その理由がすごく的を射ていたのだ。

その理由とは、「どうせ忘れるから」。

研修講師の説明はこうだった。

店長の仕事というのは、多岐にわたる。本社からの依頼、ディベロッパーからの依頼、当然ながら店運営管理、売上管理、労務管理……それに加えてイレギュラーな仕事も入ってくる。正直言って、中小企業の社長さんぐらいの仕事がある（下手したらそれ以上かもしれない……汗）。

そんな中、**一番後回しになったり、忘れたりするのが、身内意識のあるスタッフからの**

依頼事なのだ。だが、一旦信頼をなくすと、一番やっかいとなるのもスタッフだ。だから、すぐにやらなければいけない。

そうは言っても忙しくてそんな暇がない、と思う店長には、次の言葉を送りたい。

「急ぎの仕事は忙しい奴に頼め」という言葉がある。

これの意味することは、忙しい人ほど時間がない、だからすぐしてくれるということ。また、日ごろから忙しい人というのは、段取り上手な人が多い。だから、忙しい人ほど引き受けてくれさえすればすぐに正確にやってくれる、ということだ。厳しいことを言うが、「忙しいからできない」と言っていると、スタッフからは「段取り不足で仕事の遅い店長」と見られてしまう。これでは信頼されることは難しい。

店長という仕事は、何よりもまずスタッフから仕事での信頼を得ないといけない。

そして、仕事の信頼に、一番ダイレクトに関わってくるのが、「**依頼されたことをいかに速く正確に返せるか**」である。

仕事において、**時間は信頼である。**ゆえに、スタッフからの依頼というのは、信頼を築き上げるチャンスとも言えるわけだ。「店長に頼めば、正確だし、何と言ってもすぐやってくれる！」と思われることが最強の信頼となる。

堂々と連休を取れ

私は、店舗クリニックをする際に、必ずやることがある。それは、店長の不在日に店に立ち寄ってみることだ。ちょっといけずでもあるのだが(笑)、それが一番、その店のスタッフの意識が手に取るように見える。

当たり前だが、管理者がいない時こそそのチームの真価が問われるし、店長が不在な日に売上を上げられる店こそが、力がある店だ。

よく店をまったく休まず、頑張って売上を作っている店長がいる。もちろん、悪くはないし、休んだら店が回らないというスタッフ不足の店もたくさんあるのは理解できるので、ダメとは思わない。

だが、休まない店長がすごいと私は思わない。

むしろ、店長がいないと売上が成り立たないなんて、言葉は悪いがマネジメント失敗なんじゃないか？　と思ったりする。

休まないということは、任せてないということと同じだ。

そして、任せないというのは、極端な言い方になるが、スタッフが自分で考えなくなるし、判断能力が育たない。自立したスタッフが育たない理由もそこにあると思う。

こういう言葉を知っているだろうか？

子供は、親の留守中に成長する。子供だけで留守番させるというのは、もしかしたら今の時代は難しい面も多いのかもしれないが、親のいない時、子供はあれこれ自分で四苦八苦する。この頼れない状況こそが、成長させると言われる。

だからこそ、言いたい！　店長は堂々と連休を取れ！

人は考える環境を与えないと絶対に考える人にはならないのだから。思い切ってガツンと任せてみよ！

もしかしたら、**「店長が休まない」、それこそが、休めない理由かもしれないのだ。**

店のイノベーションは、こうやってしろ！

この本を読んでいるほとんどの店長は、店の変革（イノベーション）をしたい店長だと思う。売上が下がってきたとか、退職が続くとか、スタッフの摩擦が度々起こるとか、何らかの問題を解決するために、店を大きく変える必要性を感じているはずだ。店の中で特に問題がなくても、環境が変われば組織も変わる必要があるので、イノベーションは避けて通れない。そこで、店変革する時の注意点と流れを、紹介したい。

まず、店長は**「組織はなかなか変われない」**ということを認識してほしい。人は基本的に変化を嫌う。変わることに不安を抱き、今の状態を守る保守的な本能が働くのだ。まして、ぬるい空気の店を厳しい店に変えようとするならば尚更だ。店を変えようとする時、保守的な抵抗勢力は必ずでてくる。正直いうと変革とは、こことの闘いと言っても過言ではない。それも踏まえて、店の変革プロセスを時系列で説明していく。

①**変革する理由の言語化：**なぜ、その変革が必要なのかを、スタッフにわかりやすく説明

する。

②**具体的に何を変えるのかの言語化**：次は、スタッフの行動レベルで、何を変えるのかを言語化する。

③**変革の賛同者と抵抗勢力のグループ化**：変革に賛同してくれるグループと、抵抗しそうなグループを想定する（いなければいないで結構）。

④**グループリーダーへの根回し説明**：賛同グループのリーダー格と、抵抗勢力のリーダー格のそれぞれに対して、①と②について、事前に根回し相談する。特に抵抗勢力のリーダー格には、相談から参加させることで、変革側に巻き込むのがポイントだ。ここで巻き込めるかが変革の一番の肝である。たとえすぐに理解してもらえなくても、理由と変える事項を丁寧に話し、巻き込むことがポイントだ。

⑤**全体への説明**：キーマンへの根回し相談で、ある程度の了承を得て、初めて全員へ説明をする。ただ、個別に温度差がありそうな場合は、丁寧に個別対応をすること。

⑥**定着する仕組みと、定期的なチェック**：変革とは、すぐにリバウンドしやすいので、実行が終わりでなく、文化として根付く仕組みづくりとチェックが必須である。

ここまでできて、初めてイノベーションが完了する。

朝ドラは、15分だからいい

日本中で人気を誇る「朝ドラ」だが、その人気の秘密には、あの15分という絶妙な時間が絶対に起因していると思う。

もし毎朝30分のドラマだったら、朝の慌ただしい時間に毎日見続けることは難しいし、仮に時間があっても、朝に30分は集中できないはずだ。絶対に視聴率も落ちると思う。「もう少し見たい」くらいで終わるから、翌日への期待がわく。

何を言いたいか？　これは、店仕事も同じだ。

だらだらと長い毎朝の朝礼。集中力が切れるまでやるミーティング。しつこいくらい長い個別指導……。特に、売れてない時の朝礼ほどいい加減にしてほしいほど長い！

私の経験上、**長い朝礼でやる気になったスタッフを見たことがない。**

毎朝の朝礼は、朝ドラのごとく、短く中身が詰まった、余韻が残る朝礼に徹した方が絶対に効果を発揮する。

コツはできるだけ、無駄話をきり、短く仕上げ、端的に話すことだ。

時間という視点は、聞く側の集中力と効率上を考えた時、すごく大切だ。

ある沸点タイム（私の経験則では、だいたい15分～20分）を超えると、聞き手の集中力は一気に落ち、せっかくいいことを言っても相手に入らず、「あー、長かった」という感想だけが残ってしまう。

「短いと伝わらないんじゃないか?」と思っている店長はすごく多いが、実は、言いたいことが明確でわかりやすく話せば、短い方が絶対に伝わるのだ。

だから、朝礼も、会議も、ミーティングも、指導も、ぜんぶ朝ドラのように短くやれ！

ただし、その分、本当に伝えたいことの明確化と、成功点と問題点の抽出、共有事項の洗い出しといった前準備もしっかりする必要がある。単に短くするのではない。**内容は濃く、時間は短くするのだ。**

クレームは「お客様の大義」を理解せよ

クレームは、店仕事をしている限り必ず起きる。物販、飲食など、サービス業態にかかわらず店なら例外なく起こると言っていい。

大切なのは、クレームに対してどう対応するかだ。

さらなる苦情に発展するか、ちゃんとした対応をしてくれるしっかりした店だとかえって信頼されるか、クレーム対応はこの分岐点となる。

ここでは、信頼されるクレーム対応のポイントを紹介したい。

始めにすべきことは、謝罪することだ。

店長の中には、「非を認めるとクレームがよりひどくなる」という間違った認識をしている店長も少なくない。だが、まずはお客様にクレームとして指摘させた事実に対して謝らなければいけない。意外かもしれないが、お客様のクレームを大きくする原因に「謝罪されない」が多いのだ。

そして、**次はお客様の感情面を見ること**。理路整然と対応できるならばいいが、やっかいなのは、お客様が感情的になっていらっしゃる場合だ。

感情的な場合は、すでに通常クレームとはまったく別物になっていることを理解しなければいけない。こちらが言い訳がましかったり、お客様へ誠意を示せなかったりすると、クレームは一気に二次苦情へとその姿を変える。

その上で、感情的なお客様に絶対にしてはいけないのは、理屈での対応だ。なぜなら、こういうお客様には、こちらが何を言おうが関係ない、お客様の大義が存在している。このお**客様なりの大義というものを理解せず、理屈で対応してもクレームは消滅しない。**

どんな大義か？　「**数ある店の中からお前のとこで買ってやったんだ**」というものである。

クレームに限らない話だが、人と人がトラブルで揉めてしまうのは、相手の大義というやっかいなものがあるからだ。これを理解せずに応戦してはダメだ。申し訳ない気持ちを表現し、お客様の感情を収めない限り、問題は解決しない。

ゆえにクレームは理屈で対応してはいけない。**大切なのは、相手の大義を理解し、誠意を持って対応すること。**これに尽きる。

シフトを組めるようになって一人前

シフト作りは、店長とスタッフとの関係性と切っても切れない関係にある。

スタッフの希望ばかり聞いていたらシフトは組めないし、かといって店長がすべて決めてしまうと、それこそスタッフの大きな不満となるからだ。

すなわち、店長のリーダーシップ性そのものが、シフトを組むという業務に表れる。どの店長だって、スタッフの希望をできるだけ聞いてあげたいと思うだろう。だが、スタッフ全員の希望通りのシフトを作り上げるなんてほぼ不可能だ。

そして、誰かのシフトを希望通りに組むため、誰かにそのしわ寄せが行くと、それがダイレクトに店長に対する不満へとつながる。私の経験上、シフトのしわ寄せの恨みは、意外に根深かったりする（苦笑）。

そしてもっと最悪なパターンは、シフトのしわ寄せが、一番頼みやすいスタッフや、一番歳下のスタッフ、気の弱いスタッフに集中し、そのスタッフに見えない不満が蓄積し、どんどん店に不協和が生まれることとだ。最悪退職にもなりかねない。

では、どうシフトを組んだらいいのか？

最初に言うが、**厄介なスタッフのシフトを優先し、物言わぬスタッフが不利をこうむるという不公平シフトだけは絶対にやめること**。これは、必ず店長自身の首を後々絞めることになる。

シフトは必ずルール化することが必要だ。

例えば、希望休は2日まで、残りは店長に一任、といった具合だ。**まずはシフトのルール化を進め、その上で、個々の雇用の特約条件を落とし込む**（Aさんは週に3日の休日、Bさんは17時あがり、など）。ここだけは絶対に店としてルール化してほしい。

シフトなんて微々たることのように見えるが、スタッフの不満に直結するのが、シフトだ。だからこそ、必ずルール化して、全員に説明し、偏りのでないシフトを作り、店長の休日がないという事態は避けてほしい。そして、集客が見込める日や時間帯に人不足を起こさないようお願いしたい。

店長とはシフトが組めて一人前だ。スタッフの協力を得て、しっかりとシフトを組めるようにしてほしい。

鬼100則 95

スタッフの不満は最後まで聞くな

私がコンサルとして店舗指導に入り、店長とスタッフの関係性を見ていると、スタッフ想いの店長ほど、スタッフの不満を拾うデトックスミーティングをしている。もちろんこれは必要だし、ぜひやってほしい。

だが、**不満の相談がいつの間にか愚痴に変わり、最後はわがままを聞いている店長が少なくない。**

実は、不満と愚痴とわがままの境界線は大変微妙で、いつの間にか移行していっている場合が少なくない。

例えば、こんな不満の相談を受けたとしよう。

「店長、正直言って、今の仕事量が多すぎて、残業になるんです。その上で売上も作るとなると大変なんです。何とかなりませんか?」。こうした相談は、よくあることと思う。

では、これはどうだろう?

「最近は主人から帰りが遅いといろいろ文句も言われて、精神的に結構まいってるんです。主人から『いい加減そんな会社やめろ！』とも言われてるんです。だけど、来年下の子が受験ということもあって稼がないといけないからそうも言ってられなくて……」

これは愚痴である。そして、さらにそれが進むと……。

「他のスタッフは独身の方が多いじゃないですか。だから、私の残業だけは勘弁してもらえませんか？」

言い方はきついが……これはわがままだ。

不満と愚痴とわがままの明確な定義づけはなかなか難しいのだが、私は次のように考えている。会社のルールに沿って解決できるのが不満。愚痴は解決なき不満。そして、わがままは、自己中心的な要望となる。

もちろん、店長が愚痴を聞きガスを抜かせ、わがままを例外として認めることも、ないことはないだろうが……**いつの間にか平等性を欠く判断を迫られ、それが発端でチームがバラバラになることが多々ある。**

だから、**店長はあくまで、冷静に、不満と愚痴とわがままの線引きを考えながらスタッフ相談を受けることをおすすめしたい。**それぞれを分別しながら聞くスキルが必要なのだ。

鬼100則 96

スタッフのSNSは絶対に見るな

ここでは、スタッフとのスマホでのコミュニケーションにおける注意点を記したい。

私の顧問先の男性店長の失敗談を紹介しよう。

その店長は、休みの日にスタッフが何をしていたのか気になるらしく、よくスタッフのSNS投稿を見ていた。ある日、体調不良を理由に休んだスタッフが、遊びに行った写真をSNSにあげていた。当然だが、その店長にしたら相当はらわたが煮えくり返った。しかし、「SNS見たんだけど……」という理由で叱ることができず、もんもんと抱えながら過ごしていた。

こうなると変なスイッチが入り、SNSを見ずにいられなくなる。毎日見るようになり、そして見れば見るほど、そのスタッフへの不信感がどんどん募っていった。

そしてある時、再度嘘をついたスタッフに「SNS見たけどさ……」と怒りをぶつけてしまったのだ。

その後、泣きそうな声でその店長から私に相談電話があり、私はその店長にこう言った。

「店長！　店長の職務は、円滑に店運営することだ。ＳＮＳを覗いてアラを探して、嘘を暴く仕事じゃないんだ。よく考えてほしい。**ＳＮＳはプライベートの分野だ。把握したい気持ちはわからなくはないが、我々には知らなくてもいい情報だってたくさんある。**あえて見ない、それもこれからの時代の大切な職責だと思うぞ！」

店長は、それ以来心を改めて、ＳＮＳにおける公私の分け方をしっかりと実践している。

もちろん、ＳＮＳで情報交換する間柄であれば話は違ってくるが、どちらにしても、ＳＮＳは相手のプライベート分野での出来事であることを絶対に忘れてはいけない。

いつでも情報が手に入る時代なだけに、知らなくてもいい情報と必要な情報をわけて考えることが大切なのだ。ＳＮＳ時代の今こそ大切なマネジメントスキルだと思う。

鬼100則 97

ビュッフェの神対応から苦情処理を学ぶ

店仕事をしていると、とっさのアドリブ対応が求められることが多々ある。苦情やトラブルの時は、特にだ。そしてそのアドリブ対応に、店の真価が問われると言っても過言ではない。

先日、ホテルの朝食ビュッフェ会場で、見本のような対応を見かけた。

私が会場に入ったら、隅で何やら女性従業員にぐちぐち文句を言っている中年男性客がいた。聞くと、その男性客が、ビュッフェの食事テーブルから遠い席に案内されたらしく、それに腹を立てているようだった。

そんな小さなことでぐちぐち言わなくてもいいのになぁ、と思いつつ聞いていたが、その時の支配人の臨機応変な対応が素晴らしかった！

「この度は、大変申し訳ございませんでした。**少し遠い席ではございましたが、静かな席の方がゆっくりできるかとこちらが勝手な判断をしてしまいました。申し訳ございませ**

ん。少し、周りが気になる席ではありますが、すぐにお近くのお席をご用意させていただきます」

クレーム男性は、最初こそ釈然としない表情をしていたものの、支配人の言葉で、急に大人しくなり……「じゃ、この席でいいよ」となり、事態は収束した。

支配人の本当のところの真意はわかりかねるが、「**お客様のためを思った勝手な判断がミスを招き、その判断が間違っていた**」という言い回しは、本当に素晴らしかった。

結局のところ、クレーム客の根底心理には、「客である自分に敬意が払われていない」とか、「店側から無下な扱いを受けた」という**被害者意識が必ずある。**ゆえに、「お客様への敬意がゆえの判断ミス」として、あなたを決して無下にはしてませんよという、相手を立てた言い回しは絶妙だ。

モノの言い方一つで、事態は大きく変わる。店が不測の事態の正当性を強く主張したり、言い訳っぽく聞こえたりしたならば、お客様はもっと不快になり、火に油をそそいでしまうだろう。

苦情対応での大切な視点は、**お客様への敬意を絶対に失わない言い回し**ができるかどうかに尽きる。そして、その見本がこのホテル支配人だ。ぜひとも、対応の参考にしてほしい。

鬼100則 98

会話には必ず「数字」という物差しを入れろ

以前、駅からクライアントの会社に行くために、タクシー乗り場に行った時のこと。乗り場に1台もいなかったので、タクシー会社に電話して呼ぶことにした。その時の話を少ししたい。以下が、そのやりとりだ。

私「すみません、タクシー1台お願いします！　時間ないんですぐお願いしたいんですが……」

タクシー会社女性「はい。すぐですね！」

私「はい。急いでるもので……」

タクシー会社女性「大丈夫ですよー。すぐ向かわせます」

が、待てど暮らせど、タクシーは来ない。しびれを切らし、再度タクシー会社に催促。

私「すみません、すぐって言われましたが、全然来ないいんです」

タクシー会社女性「いや、すぐに向かってますよ。まもなくつくと思いますけど……」

そこで、ハッと気づき私は後悔した。「すぐに」じゃなく「5分以内に」にしなかったことを。私の「すぐに」と相手の「すぐに」は、同じじゃなかったわけだ。「すぐに」は感覚に差が生じるが、「5分」は全世界共通の少しの差もない共通単位である。後悔したが後の祭り。私はすぐにクライアントに電話を入れて、謝罪した。

考えたらこんな事例は、店仕事にはごろごろある。

「明日の朝、棚卸しの続きするから、いつもより少し早めにきてね！」**少し早め？**

「今、倉庫で在庫確認しますので、少々お待ちください」**少々？**

「こちらの商品は、さっきよりちょっとだけ高くはなるのですが……」**ちょっとだけ？**

何気ない店仕事において、相手とのやりとりは、数字で伝えるのが一番伝わるのだ。

数字は、互いの時間や量の感覚を揃えるのに絶対に必要で、客仕事はもちろん、店のあらゆる伝達事項において不可欠だ。

あいまいな表現である「ちょっと」「少しだけ」「できるだけ」は、トラブルの元でもある。あなたの店会話に、数字という物差しを入れよ。

鬼100則 99

報連相は言ったじゃなく、伝わったか？

開店時間の延長と、人手不足がもたらした最大の弊害は何か？

答えはいろいろあるが、コミュニケーションの欠如が、特に大きな問題だろう。

店によっては、店長とバイトが1週間に一度しか会わないという店も珍しくない。会う頻度が少なければ、報連相はどうしても希薄になってしまう。

ツールでの報告がメインとなり、報告のレベルに差が出ると、連絡が抜けるリスクは増す。相談にいたってはスルーされてしまうことも増え、大事になってから耳に入るという不測の事態にもなりかねないのだ。

そして、そうした店の環境は、これからも飛躍的に改善されるとは思い難い。ゆえに、当たり前のことではあるが、**報連相の強化は店の必須事項となる。**

報連相で一番大切なことを1つだけ書きたい。細かい注意点を並べたらキリがないし、重箱の隅をつつくようなルールは、絵に描いた餅になる可能性も高い。だから、この要点だけ押さえてほしい。

それは、「**言ったじゃなく、伝わったか？」が報連相ということだ。**

報連相を業務だと思っている人がほとんどだが、報連相は業務ではなく、コミュニケーションである。業務というのは、相手がいる双方向の行為をさすわけではないので、**報連相を業務としてとらえている店長の店は、とにかくポカが多く、情報の重要度が理解されていないから抜けることも多かった。**

ここを理解した上で、報連相をする際には、次のことを徹底してほしい。

●報告は、相手のレベルを考えて、理解できるように伝えること。

●受け手は、理解したらその旨を答えること。

●連絡は、優先順位と重要度を明確にして、重要事項が絶対に抜けない仕組みにすること。

●相談は互いに時間を指定して、引き伸ばさないようにすること。

要するに、相手軸で報連相をとらえる意識が大切だ。これを双方向報連相と呼ぶ。

くれぐれも独りよがりの報連相にしてはいけない。

報連相は業務ではない。コミュニケーションだ。

鬼100則 100

店なんて、別に仲がよくなくてもいい

よく「うちの店は、みんな仲がいいんです！」と言う店長がいる。

もちろん、仲がいいに越したことはないが、**仲がいいことがまずありきのチームというのは、意外にもろかったり、組織が成長しなかったり、閉鎖的なチームを作ってしまったりすることがある。** もちろん、馴れ合いという意味も含めてだ。

仲がいいことを否定しているわけではないので、そこは間違えないでほしい。ただ、小さな村社会を作ってしまっては、チームは陳腐化してしまう。

村社会というのは、和を乱してはいけないということが第一に来て、なかなか自分の意見を言えなかったり、改善のための変革はまず行われない世界だ。それと一緒で、**仲よしな店というのは、「仲がよくなくちゃいけない」という精神的な縛りが必ずできる。そして時に仲よしチームに入れない人や、意見が言えない人を作り出す。** そこが問題だ。

仲よしグループは、中にいる人たちは感じていないが、恐ろしく閉鎖的な一面を持ち、意見や考えが違えば、いられなくなってしまう。でも、店というのは、年齢、経験、考え、仕事の動機、モチベーション、責任、すべて違う者が集まる集合体だ。ましてや、仕事だ。**意見が違って当たり前じゃないか！**　なのに、「仲がいい」前提で、自分の意見を言えないようじゃ、きっといつかはやめていくしかなくなる。

そして実際に、「うちの店は、仲がいいんです」と言う店長の店で売れている店をあまり見たことがない。

意外にも、ひともめ、ふたもめして相互理解している店が、売れてたりする。なぜなら、**仲がいいことが正しいとするチームより、意見が違って当たり前なチームの方が、スタッフの個性が活きてくるからだ。**

よく店を仲よくまとめるために調整役になり、疲れ果てている店長を見る。そんな店長たちに言いたい。「仲のいい店をあえて作ろうとしなくていい！」と。

「仲よくなくちゃいけない縛り」がなく、自由に意見を言える空気があり、時にはぶつかり合い、もめたりして、理解し合っていくのが、理想の店だ。それが個性が活きる店だ。

店長よ、目指すのは仲よしグループじゃない。相互理解ができるチームだ。

おわりに

この書籍が悩める店長の奮起するきっかけに少しでもなれたならば、書いた目的は達成されるのだが、いかがだっただろうか。

このあとがきをもって最後となるが……最後にもっとも言いたかったことを伝えたい。

店長！　自分を大切に！

よく自分をすり減らし、気持ちに余裕をなくし、奮起し続けている店長を目にする。

自分のことは二の次、三の次で、会社のため、部下・スタッフのため、そしてお客様のため、最後は売上のため……と精一杯やっている。

もちろん、責めるつもりはない。素晴らしいことだ。手を抜けなんて言うつもりはない。

だけど、何か一番大切なことを忘れてはいないかと思う。

それは、自分自身のことだ。

私は、自分を大切にできない人が、他人のことを思いやることはできないと思っている。店長自身が疲れたら、心からスタッフを思いやることや、お客様ファーストな精神なんてできないと思うからだ。そして、そんな店長をたくさん見てきた。

人は間違いなく、疲れたり気持ちに余裕がなくなったりしてくると、視野が狭くなり、それらが言動に表れる。これは、例外なくみんなそうだろう。それでは、店長としてスタッフやお客様を幸せにはできない。

だから、声を大にして言いたい。

店長こそ、自分を大切に、心に余裕を！

あなたが、いきいきとしていなきゃ、店なんて活性化するはずがない。
あなたが、笑顔で楽しそうで前向きだから、みんなついてくるのだ。
それには、心が健康であることが一番大切である。

これが私からの最後の101個目のメッセージである。
最後までお付き合いいただけたことに、心より感謝したい。

2023年11月　柴田昌孝

講演・セミナーのお問い合わせ

★講演やセミナーのお問い合わせは、お気軽に下記ホームページ問い合わせフォーム（QR コード）、もしくは、メールアドレスまでお願い致します。

○お問い合わせメールアドレス　　shibata@lily-c.jp
○メール QR コード

尚、ホームページの問い合わせ専用ページからも可能です。

感想。または、無料ご相談

★店長の無料相談や、書籍の感想を聞かせてください。下記メールアドレス、または、ホームページ無料相談（QR コード）までお願い致します。

○相談・感想メールアドレス　　shibata@lily-c.jp
○メール QR コード

尚、ホームページの問い合わせ専用ページからも可能です。

店仕事のブログを毎日配信中

★接客・販売・マネジメントのブログを配信しております。
○店仕事ブログ「柴田昌孝の販売道即人道」
https://ameblo.jp/shibamasa0119

店舗ビジネスラボ　柴田昌孝

※これらのサービスは、予告なく終了することがあります

著者
柴田昌孝（しばた・まさたか）
店舗ビジネスラボ　代表
店舗経営コンサルタント、セミナー講師。
富山県出身。洋装店の長男に生まれる。大学卒業後、業界1位の呉服チェーン『やまと』の全国トップ販売員を経て、地元で家業の洋装店を継ぐ。路面1店舗を、自ら店長としてスタッフ育成し、多店舗化。わずか8年で42店舗、150名、年商30億のアパレル専門店企業に成長させる。
また、その育成術は多くの業界誌で紹介され、人気講師としても活躍。SHIBUYA109、ネッツトヨタ、イオンモール、ワールド、オンワード樫山、JR駅ビル、百貨店…などの多数の有名企業から、商店街のパパママストアの店長まで、のべ数万人の店長に研修指導。
2017年に大病を患い活動を休止するまで、社長時代の20年で、出店した店舗数は、のべ70店舗。育成した自社の店長の数は、数百人にもなる。
現在は、繁盛店サポートの「店舗ビジネスラボ」を設立し、店舗経営コンサルタントとして、年間何百人の専門店店長を指導している。
著書に『接客の鬼100則』（明日香出版社）など多数。著書の累計発行部数は、12万部を超える。月刊『ファッション販売』（アール・アイ・シー）、月刊『製菓製パン』（製菓実験社）の老舗業界誌に人気連載をもつ。服飾専門学校と大学の非常勤講師を歴任。

柴田昌孝公式ホームページ
http://www.naissance-c.club/
店長研修、講演、コンサルティングのお問い合わせはお気軽に下記まで。
shibata@lily-c.jp

店長の鬼100則

2023年11月26日 初版発行

著者　柴田昌孝
発行者　石野栄一
発行　明日香出版社
〒112-0005 東京都文京区水道2-11-5
電話 03-5395-7650
https://www.asuka-g.co.jp
カバーデザイン　西垂水敦・市川さつき（krran）
カバーイラスト　高橋雅博
組版　野中賢/安田浩也（システムタンク）
校正　株式会社鷗来堂
印刷・製本　美研プリンティング株式会社

ISBN 978-4-7569-2296-0

本書もオススメです

販売の
一流、二流、三流

柴田昌孝・著

1500円（＋税）
2021年発行
ISBN978-4-7569-2140-6

一流なら、
下見だけのお客様が
思わず買ってしまう！

『お客様満足と売上』の両立ができる販売員を目指すための本です。販売員は売上が作れることが大前提です。大切なのは、売上の内容がＣＳの先にある奉仕高であるということ。三流、二流がしてしまう販売、一流の人がやっている販売の３つを比較しながら、売り方と接客が学べます。

本書もオススメです

店長の
一流、二流、三流

岡本文宏・著

1500円（＋税）
2018年発行
ISBN 978-4-7569-1957-1

一流は、
人材育成力とたしかな目配りで
他の追随を許さない！

長らく続く不況のなか、多くの店長が頭を抱え、悲鳴を上げています。本書は、二流、三流の事例と比較できるため、店長として高い実績を上げる一流店長はどんな理由で、どのようにしているのかが分かりやすく学べます。チームマネジメント、人材育成、店長としてのセールス＆接客心得、お店のメンテナンスやシフト管理など、幅広く紹介しています。